조선 최후의 공인,
지규식의
일기

조선 최후의 공인,
지규식의
일기

초판 1쇄 인쇄 2023년 11월 13일
초판 1쇄 발행 2023년 11월 20일

—

기   획 한국국학진흥원
지은이 김미성
펴낸이 이방원

책임편집 정조연   **책임디자인** 박혜옥
마케팅 최성수 · 김 준   **경영지원** 이병은

—

펴낸곳 세창출판사
신고번호 제1990-000013호 주소 03736 서울특별시 서대문구 경기대로 58 경기빌딩 602호
전화 02-723-8660 팩스 02-720-4579 이메일 edit@sechangpub.co.kr 홈페이지 http://www.sechangpub.co.kr
블로그 blog.naver.com/scpc1992 페이스북 fb.me/Sechangofficial 인스타그램 @sechang_official

—

ISBN 979-11-6684-265-8 94910
      979-11-6684-259-7 (세트)

한국국학진흥원 전통생활사총서 6

조선 최후의 공인,
지규식의
일기

김미성 지음
한국국학진흥원 기획

세창출판사

한국국학진흥원에서는 2022년부터 문화체육관광부의 지원으로 전통생활사총서 사업을 기획하였다. 매년 생활사 전문 연구진 20명을 섭외하여 총서를 간행하기로 했다. 올해 나온 20권의 본 총서가 그 성과이다. 우리 전통시대의 생활문화를 대중에 널리 알리고 공유하기 위한 여정이 시작된 것이다.

한국국학진흥원은 국내에서 가장 많은 민간기록물을 소장하고 있는 기관으로, 그 수는 총 62만 점에 이른다. 대표적인 민간기록물로 일기와 고문서가 있다. 일기는 당시 사람들의 일상을 세밀하게 이해할 수 있는 생활사의 핵심 자료이다. 고문서는 당시 사람들의 경제 활동이나 공동체 운영 등 사회경제상을 이해할 수 있는 자료이다.

한국의 역사는 『조선왕조실록』이나 『승정원일기』와 같이 세계적으로 자랑할 만한 국가기록물의 존재로 인해 중앙을 중심으로 이해되어 왔다. 반면 민간의 일상생활에 대한 이해나 연구는 관심을 덜 받았다. 다행히 한국국학진흥원은 일찍부터 민간에 소장되어 소실 위기에 처한 자료들을 수집하고 보존처리를 통해 관리해 왔다. 또한 이들 자료를 번역하고 연구하여 대중에 공개했다. 그리고 이러한 민간기록물을 활용하고 일반에 기여할 수 있는 방법으로 '전통시대 생활상'을 대중서로 집필하는 방식을 통해 생생하게 재현하여 전달하고자 했다. 일반인이 쉽게 읽을 수 있는 교양학술총서를 간행한 이유이다.

총서 간행을 위해 일찍부터 생활사의 세부 주제를 발굴하는 전문가 자문회의를 개최하고, 전통시대 한국의 생활문화를 가장 잘 구현할 수 있는 핵심 키워드를 선정하였다. 전통생활사 분류는 인간의 생활을 규정하는 기본 분류인 정치·경제·사회·문화로 지정하였다. 이를 기반으로 매년 각 분야에서 핵심적인 키워드를 선정하여 집필 주제를 정했다. 금번 총서의 키워드는 정치는 '관직생활', 경제는 '농업과 가계경영', 사회는 '가족과 공동체 생활', 문화는 '유람과 여행'이다.

분야마다 5명의 집필진을 해당 어젠다의 전공자로 구성하였다. 서술은 최대한 이야기체 형식으로 다양한 사례를 풍부하게 녹여 달라고 요청하였다. 특히 어디서나 간단히 들고 다니며 읽을 수 있도록 쉽게 서술해 줄 것을 부탁하였다. 그러면서도 본 총서는 전문연구자가 집필했기에 전문성 역시 담보할 수 있다.

물론 전문적인 서술로 대중을 만족시키기는 매우 어렵다. 그래서 원고 의뢰 이후 5월과 8월에는 각 분야의 전공자를 토론자로 초청하여 2차례의 포럼을 진행하였다. 11월에는 완성된 초고를 바탕으로 1박 2일에 걸친 대규모 학술대회를 개최하였다. 포럼과 학술대회를 바탕으로 원고의 방향과 내용을 점검하는 시간을 가졌다. 원고 수합 이후에는 책마다 전문가 3인의 심사의견을 받았다. 2023년에는 출판사를 선정하여 수차례의 교정과 교열을 진행했다. 책이 나오기까지 꼬박 2년의 기간이었다. 짧다면 짧은 기간이다. 그러나 2년의 응축된 시간 동안 꾸준히 검토 과정을 거쳤고, 토론과 교정을 진행하며 원고의 완성도를 높이기 위해 분주히 노력했다.

전통생활사총서는 국내에서 간행하는 생활사총서로는 가장 방대한 규모이다. 국내에서 전통생활사를 연구하는 학자 대부분을 포함하였다. 2022년도 한 해의 관계자만 연인원 132명에 달하는 명실공히 국내 최대 규모의 생활사 프로젝트이다.

1990년대 이후 폭발적으로 증가했던 일상생활사와 미시사 연구는 근래에는 학계의 관심이 소홀해진 상황이다. 본 총서의 발간이 생활사 연구에 다시 활력을 불어넣는 계기가 되기를 기대한다. 연구의 활성화는 연구자의 양적 증가로 이어지고, 연구의 질적 향상 또한 이끌 것이다. 그렇게 된다면 전통문화에 대한 대중들의 관심 역시 증가할 것으로 기대된다.

본 총서는 한국국학진흥원의 연구 역량을 집적하고 이를 대중에게 소개하기 위해 기획된 대표적인 사업의 하나이다. 참여한 연구자의 대다수가 전통시대 전공자이며, 앞으로 수년간 지속적인 간행을 준비하고 있다. 올해에도 20명의 새로운 집필자가 각 어젠다를 중심으로 집필에 들어갔고, 내년에 또 20권의 책이 간행될 예정이다. 앞으로 계획된 총서만 80권에 달하며, 여건이 허락되는 한 지속할 예정이다.

대규모 생활사총서 사업을 지원해 준 문화체육관광부에 감사하며, 본 기획이 가능하게 된 것은 한국국학진흥원에 자료를 기탁해 준 분들 덕분이다. 이 자리를 빌려 그분들께 다시 한번 감사드린다. 아울러 총서 간행에 참여한 집필자, 토론자, 자문위원 등 연구자분들께도 감사 인사를 전한다. 책의 편집을 책임진 세창출판사에도 감사드린다. 이 모든 과정은 한국국학진흥원 여러 구성원의 노력이 있었기에 가능했다.

2023년 11월
한국국학진흥원 연구사업팀

『하재일기』, 그리고 분원의 도자기 공인 지규식

『하재일기』, 조선 공인의 삶을 비추다

19세기 말 조선 상인의 일기

'조선'이라는 나라의 특징이 무엇인지 물으면 어떤 답이 많이 나올까. 누군가는 신분 제도가 가장 먼저 떠올라 '양반의 나라'라고 할지도 모르고, 누군가는 '유교 국가'라고 할지도 모른다. 경제에 초점을 두고 묻는다면 '농업사회' 또는 '농본주의 국가'라고 할지도 모르겠다. 실제로 조선은 성리학이라는 정치이념을 바탕으로 양반이 지배층으로 자리 잡고 농민과 농업을 근본으로 삼았던 사회였다. 따라서 남겨진 사료들도 대부분 양반이 남긴 기록이고, 그들이 남긴 글도 농민들의 삶에 대한 것이 많다. 오늘날 역사를 배울 때도 조선에 대해서는 성리학적 질서, 양반-농민-천민의 신분 차이, 향촌 농업사회에 관한 이야기가 주를 이룬다.

하지만 이 책에서 다루고자 하는 이야기는 양반도 농민도 아니었던 한 인물에 관한 이야기이다. 유교 이념에서 일반적으로 분류하는 4개의 직분, 즉 '사농공상士農工商'에서 그 말단에 속했던 상인商人, 그리고 그와 연결되어 있었던 장인工人들의 이야기를 해 보려 한다.

비록 조선 사회에서 상인과 장인은 농민보다 천시되었으나, 조선이 그 존재의 필요성을 부정한 것은 아니었다. '공'과 '상'은 말단에 속했을지언정, 4개의 직분에 늘 포함되는 필수요소였다. 조선 초 정부는 농민들이 땅을 이탈하여 상업에 빠질까 우려하여, 또는 도적 떼의 근거지가 될까 우려하여, 지방에서 장시場市를 개설하는 것을 원칙적으로 금지하였다. 하지만 예외도 있었는데, 흉년이 들었을 때는 백성들을 구제하는 방안 중 하나로 장을 열어 생필품을 거래할 수 있도록 하였다. 또 농민들의 소소한 물품 교환도 원천 봉쇄하지는 않았다. 그러던 것이 16세기부터 전라도를 시작으로 점점 자연스레 장이 서기 시작하자, 조선 정부도 머지않아 장시 개설을 묵인, 또는 용인하게 된다.

도읍지에서도 상업은 필수요소였다. 유교 국가에서 도성을 구성하는 원칙은 '좌묘우사左廟右社, 전조후시前朝後市'로 정리된다. 남쪽을 향해 앉은 왕을 중심으로 왼쪽에 종묘宗廟, 오른쪽에 사직社稷, 앞쪽에 조정朝廷, 뒤쪽에 시전市廛을 둔다는 원칙이었다. 조선도 국초부터 원칙에 따라 한양에 시전을 설치하였다. 여기에서 시장, 또는 저잣거리라는 것이 종묘사직과 조정만큼이나 필수적인 도성의 구성요소였다는 것을 알 수 있다. 도성 백성들의 생계유지, 왕실과 관청에서 필요한 관수물자의 조달 등을 위해 도성에서 상인의 존재는 필수적이었다.

조선 사회에서 말단의 직업으로 여겨졌으나 그래도 필수적 구성원이었던 상인과 장인의 이야기까지 다루어야 조선 사회에 대한 설명을 채울 수 있을 것이다. 그러나 불행히도 상인과 장인의 생활을 엿볼 수 있는 자료는 별로 전해지지 않는 편이다. 문집이나 일기를 남기려면 결국은 글을 쓸 수 있는 능력과 시간적인 여유가 필요했기 때문에, 생계에 쫓기던 이들이 직접 남긴 기록이 별로 많지 않은 것은 어쩌면 당연한 이야기다.

하지만 다행스럽게도 19세기 말 상인의 역할을 하였던 한 인물의 일기 자료가 발굴되고 학계에 소개되었다. 그 일기는 바로 이 책에서 다루게 될 『하재일기』이다. '하재荷齋'라는 호를 가진 지규식池圭植(1851-?)이 1891년(고종 28)부터 1911년까지 약 20년 동안 써 내려간 일기로, 총 9책으로 구성되어 있다. 『하재일기』
는 조선 한창때의 기록이 아니라, 왕조가 기울어 가고 국권이 강
제로 빼앗겨 가던 때의 기록이기 때문에, 우리에게 순수한 조선
상인의 원형을 보여 주지는 않는다. 오히려 조선의 상인이 근대
자본주의 질서의 침투 속에서 어떤 변화를 겪고, 근대 회사로의
전환을 어떻게 추진하였는지를 엿볼 수 있게 하는 자료이다.

또한 지규식은 민간의 한낱 상인이 아니라, 왕실·관청용 물
자의 납품을 맡으라고 나라에서 공식적으로 지정해 준, '공인貢
人'이라는 특수한 지위를 지닌 상인이었다. 그는 본래 관청의 하
급 관리였다가 공인으로 지정된 인물이기 때문에, 그 신분도 일
반 평민보다는 중인에 가까웠다. 자신의 일기에 직접 지은 시를
종종 남겨 놓은 것을 볼 때도 그가 일반 평민답지 않은 학문적
소양을 가지고 있었다는 것을 알 수 있다. 이런 면에서 지규식이
조선의 일반적인 상인 계층 전체를 대변해 주지는 못할 것이다.
하지만 오히려 그러한 덕분에 이러한 일기를 남길 수 있었다.

조선의 상인이 남긴 자료가 거의 드문 상황에서, 그래도 『하
재일기』는 가뭄의 단비 같은 사료이다. 2005년 이후 서울역사
편찬원(구 서울시사편찬위원회)에서 차례로 국역본을 간행하였고,
서울역사편찬원 홈페이지, 또는 한국고전종합DB에서도 국역
본을 모두 읽어 볼 수 있으니 관심이 있는 분들은 직접 읽어 보

는 것도 좋겠다.

업무일지와 일상 기록의 공존

지규식은 1883년(고종 20), 그러니까 만 32세에 경기도 양근군 남종면(현재 경기도 광주시 남종면)에 있던 사옹원司饔院 분원分院의 공인이 되었다. 『하재일기』는 그가 공인이 된 이후에 쓴 일기이다. 그의 직업을 이해하기 위해서는 먼저 사옹원이 무엇인지, 분원이 무엇인지, 공인이 무엇인지, 하나하나 설명해야 하지만 자세한 이야기는 다음 장에서 다루기로 하자. 미리 간단히 정리하자면, 지규식은 가마터에서 구워진 도자기를 왕실과 관청에 제때 납품하는 일을 맡아 하던 사람이었다. 나라에 필요한 도자기를 납품하는 과정에서 민간에도 그릇을 팔거나 주문 판매를 주선하기도 하였으니, 그는 한마디로 도자기 납품업자, 또는 도자기 상인이라고 할 수 있겠다.

그래서 지규식의 『하재일기』에는 그가 분원과 서울, 또는 또다른 거래처를 오가며 활동한 내용이 가득하다. 지규식은 분원 공인 중에서도 중책을 맡았던 인물이었으므로, 그의 하루하루 일과에는 분원 이야기가 빠질 수 없었다. 그는 분원으로 출근하여 어떤 업무를 보았는지, 업무와 관련하여 어디로 출장을 갔는지, 누구를 만나 어떤 거래를 하였는지, 들어온 돈과 나간 돈은 얼마인지 등을 매일같이 기록하고 있다. 그래서 그의 일기는 상당 부분 업무일지 같은 모습을 보인다.

하지만 그렇다고 해서 그의 일기에 업무와 관련한 내용만 있는 것은 아니다. 『하재일기』는 기본적으로 개인의 일상 기록이다. 지규식은 매일의 날씨도 기록하였고, 가족·친지·이웃·지인과 관련된 이야기, 타지를 오갔던 여정, 생필품을 구매한 내역, 자신이 지은 시 등 소소한 일상도 기록하였다. 심지어 매일같이 술집 애인을 찾아가 정담을 나누거나 다투고 화해한 이야기까지도 기록하고 있다. 이렇듯 『하재일기』는 업무일지로서의 성격과 개인적인 일상의 기록으로서의 성격을 동시에 가지고 있다.

오늘날 업무일지나 일기를 쓴다고 한다면 보통은 양쪽을 구분해서 쓸 것이다. 특히나 가계부와 직장의 회계장부를 쓴다고 한다면 당연히 따로 구분하여 작성할 것이다. 다시 말해, 오늘날 가계 경영과 회사 경영은 엄연히 구분되는 영역이다. '가계'의 사전적 정의는 '한집안 살림의 수입과 지출의 상태', 또는 '집안 살림을 꾸려 나가는 방도나 형편'이다. 즉 집 밖 사업장 등에서의 경제생활과 구분되는 집안의 개인적 경제생활을 가리키는 용어라 할 수 있다. 물론 가계부의 수입 항목도 집 밖의 경제활동으로부터 얻어지기 때문에 외부 경제활동이 가계부와 완전히 분리된다고 보기는 어렵다. 본업 이외에 부업이 있거나 금융 활동을 통해 추가적인 수입을 얻는다면 그러한 외부의 경제활동도 끊임없이 가계에 영향을 미치게 된다. 다만, 현대 가정의 가계부에서는 '월급' 등의 외부 소득을 '수입'의 한 항목으로만 처리하고, 그 수입원을 가지고 어떻게 살림을 꾸려 나갔는지에 대해 중점적으로 기재하므로, 회계장부와 구분되는 가계부의 영역이 따로 있다고 할 수 있다.

그러나 전통사회에서는 '가계'와 '가계가 아닌 경제생활'의 구분이 더욱더 불명확하였다. 특히 농민의 경우에는, 농사일과 집안 살림이 공간적으로나 물질적으로나 명확히 구분되어 있다고 보기 어려웠다. 그리고 상인의 경우, 점포와 집이 공간적으로 구분되어 있다고 하더라도 물질적인 면에서나 사회적인 관계의 면에서 완전히 독립되어 있다고 보기는 어려웠다. 따라서 전통시대에 한 개인이 자신의 일상을 기록할 때는 순수하게 가계 부분만을 떨어트려 독립적으로 서술하기가 쉽지 않았다.

마찬가지로, 『하재일기』에 공인 업무 내용과 개인적인 내용이 혼재하는 것도 '공과 사가 뚜렷이 구분되지 않았던' 당시의 상황이 반영된 결과로 볼 수 있다. 이 때문에 『하재일기』에 기록되어 있는 지규식의 여러 경제활동은 어디까지가 분원 공인으로서의 업무 내용이고, 어디부터가 개인적인 차원의 활동인지 명확히 구분해 내기가 어렵다.

하지만 오히려 그러한 덕분에 우리는 이 『하재일기』를 통해 19세기 후반의 조선에 살았던 한 인물의 경제생활을 좀 더 다각적으로 두루 엿볼 수 있다. 왕실·관청용 최상품 도자기를 만들어 내는 분원 사람들의 모습과 그 도자기를 납품하는 일을 맡은 분원 공인의 모습을 살펴볼 수 있을 뿐만 아니라, 지규식이라는 한 개인이 한 가정의 가장으로서 어떻게 가계를 꾸려 나갔는지도 함께 살펴볼 수 있는 것이다. 분원에서 만든 도자기 종류마다 어느 관청에 어떻게 납품하고 얼마의 값을 받았는지도 알 수 있으며, 개인적으로 소비했던 땔감·신발·옷감·식료품·담배 등을 어디서 얼마에 샀는지도 알 수 있다.

경제생활만 엿볼 수 있는 것도 아니다. 경제생활에는 늘 사회생활도 얽힐 수밖에 없다. 특히 전통시대에는 더욱 그러하였다. 오늘날에야 얼굴을 마주하지 않고도 온라인으로 장을 보거나 송금할 수 있지만, 전통시대에는 상거래도, 돈거래도, 선물 교환도 직접 만나지 않고서는 할 방법이 없었다. 또 함께 경제적 활동을 하는 사람들과는 단순히 얼굴을 마주하는 것으로 그치지 않고, 친밀한 관계가 필수적이었다. 전통시대에 장시라는 공간은 경제적 교류의 장이기도 했지만, 정보 교류의 공간, 공개 처형의 공간, 만남의 공간이었다는 점에서 사회적 교류의 장이기도 했다는 점을 함께 떠올려 볼 수 있다.

『하재일기』에 드러나는 지규식의 인간관계를 들여다보아도 순수한 경제적 관계는 드물고 항상 사회적 관계가 얽혀 있다. 분원의 동료 공인들과는 생사고락을 같이하는 관계였으므로, 공적인 일과 사적인 일을 가리지 않고 긴밀히 교류하였다. 서울 종로 상인과는 함께 계를 만들기도 했으며, 그가 서울에 갈 때마다 만나고 신세를 지는 사이이기도 했다. 서로의 경조사 때 인사와 부조를 하는 것은 물론이었다. 도자기를 납품할 때 대면하게 되는 관청 관계자에게는 때마다 인사와 선물을 챙기며 관계를 유지하였다. 지규식이 고용했던 묘지기도 묘만 지키는 것이 아니라 다른 잡일도 맡아 하였고, 묘지기가 어려움을 겪을 때는 지규식이 적극적으로 도와주기도 하였다.

따라서 이 책에서는 『하재일기』에 기록된 지규식의 경제생활을 살펴보되, 분원 공인으로서의 공적 업무 영역과 사적인 가계 영역 중 어느 한쪽만을 조명하기보다는 양쪽을 함께 들여다보고자 한다. 또 경제활동에 조점을 두되, 그에 동반된 사회적인 관계도 함께 살피고자 한다. 혼재된 것은 혼재된 그대로 이야기를 하는 것이 오히려 당시의 실제 생활상에 가까울 것이라 믿으며.

지규식의 삶터, 분원: 나라가 지정한 도자기 생산소

경기도 양근군 남종면 분원마을

지규식은 1851년(철종 2) 음력 6월 17일에 태어났고[1] 사망 시기는 알 수 없다. 일기를 쓸 당시 그의 거주지는 경기도 양근군 남종면 분원리였다. 그는 십 대에 이곳으로 이주한 것으로 추정된다.[2] 양근군은 1908년(융희 2)에 지평군과 합쳐져 오늘날의 양평이 된 지역이다. 그런데 남종면은 1914년의 군면 통폐합 때 광주로 편입되었다. 지규식이 살았던 당대의 행정구역명으로 엄밀히 부르자면 양근 분원이라고 해야겠지만, 오늘날에는 현재 지명을 따라 편의상 광주 분원이라고 부르는 게 보통이다.

사실, 분원은 당시 행정구역상으로는 양근에 속했지만, 광주와의 경계 지점에 자리하고 있었다. 【그림 1】을 보면,《팔도군현지도》〈양근〉지도에 '분원리'가 표시되어 있지만, 【그림 2】의 〈광주〉지도에도 양근과의 경계 지점에 '분원'이 뚜렷이 표시된 것을 확인할 수 있다. 또 〈광주〉, 〈양근〉양쪽의 지도 모두에서 분원은 무갑산 동쪽에 그려져 있다. 【그림 3】의 북쪽을 위쪽으로 둔 현대 지도와 비교해 보면,《팔도군현지도》는 시계 방향으로 약간 기울어져 있는 것을 알 수 있고 분원이 실제로는

陽根

楊州界

山也所
文岩
瀨川　山捐禹
　　　背蒼
書院

가평　加平界

북한강

양주　楊州界

面終西
서종면
大野川
古
山達　倉
面北
放逐川
홍천　洪川界

용천
龍津

서중면
西里面
老味峴
山門龍

광주　廣州界

병탄
(양수리)
灘軒

춘천령
川村浦　山游馬
山見馬
咸城
飛峴

南漢江
月溪
新橋川
古邑
竹峴

월계

무갑산
山甲武

분원리
分陰里

飛踊
東終面

지평
砥平界

남시면
面始南
大灘
백방산
山白　面終南
남종면

新恩川
지평

남중면
面中南
浪瀨山

驪州界
여주

廣州界

그림 1 18세기 《팔도군현지도》〈양근陽根〉 지도, 서울대학교 규장각한국학연구원 소장

18세기 《팔도군현지도》〈광주光州〉 지도, 서울대학교 규장각한국학연구원 소장

현대 지도(네이버지도)에서의 분원 추정 위치

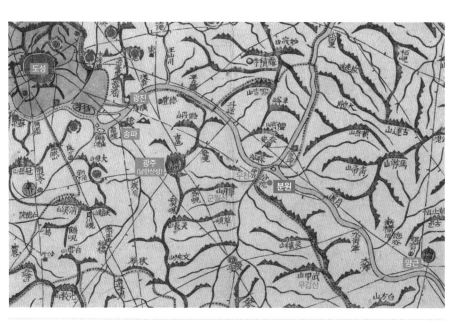

그림 4 《대동여지도》에 보이는 분원과 우천, 서울대학교 규장각한국학연구원 소장

무갑산의 북쪽에 있었다는 것을 알 수 있다.

분원은 남한강과 우천牛川(오늘날의 경안천) 사이에 있었다. 또 북한강과 남한강이 합쳐지는 곳에 자리했으니, 결국 분원은 세 갈래의 물길이 만나는 곳에 있었던 셈이다. 이곳은 강원도 쪽에서 수로를 통해 운송되어 오는 땔감들을 수집하기에 적합한 곳이었고, 분원에서 생산된 도자기를 한강을 통해 서울로 실어 나르기에도 편리한 곳이었다.

《팔도군현지도》에 그려진 분원은 우천보다는 남한강에 더 가까이 붙어 있는 것처럼 보이지만, 분원은 그 서쪽으로 흐르는 우천과 더욱 밀접히 연결되어 언급된다. 【그림 4】의《대동여지도》에 표시된 분원의 위치를 보면, 분원이 우천과 밀접한 곳에 있었다는 것을 분명히 확인할 수 있다. 여기에서는 분원이 우천 동쪽에 바짝 붙어 표시되어 있으며, 오늘날 지도에서 확인되는 분원리의 위치와 거의 일치하는 것으로 보인다. 오늘날에는 팔당댐 건설로 팔당호가 만들어지면서 양수리와 우천 일대의 물길과 지형이 변형되긴 했으나, 분원이 남한강과 우천이 연결되는 지점에 위치했다는 점은 변함없이 확인된다.

한편,《대동여지도》에서 주황색 선으로 표시된 광주와 양근의 행정구역을 보면, 분원은 분명 양근에 속해 있지만, 실질적으로는 양근의 중심부보다는 광주의 중심부에 가까운 곳에 자리하고 있다. 분원과 밀접한 관련을 맺고 있었던 우천도 광주 권역에 속했다. 나아가 분원을 삶의 터전으로 살아갔던 지규식의 생활 동선도 양근 쪽보다는 오히려 광주 쪽에 치중되어 있었다. 이러한 점을 고려했을 때 '양근 분원'을 '광주 분원'이라고 해도 무방할 것으로 보인다.

남종면 분원리는 현재 경기도 광주시에 속해 있고 분원이 있던 그 자리에는 분원초등학교와 분원백자자료관이 서 있다. 이곳은 팔당호에 인접한 마을로, 여전히 양수리의 두 물길이 합쳐져 한강으로 이어지는 길목에 자리하고 있다.

그림 5 분원초등학교

그림 6 분원초등학교 뒤편의 분원백자자료관

사옹원 분원의 역할

이제 지규식의 삶의 터전이었던 '분원^{分院}'에 대해 알아보자. 광주의 '분원'은 마치 그릇 굽는 가마터의 대명사처럼 불리기도 하지만, 사실 '분원'의 속뜻은 '본원과 따로 나누어 설치한 하부 기관'이다. 광주의 분원은 사옹원을 본원으로 하는 분원이었다.

그렇다면 사옹원은 무엇을 하는 관청이었을까? 사옹원은 궁중의 음식에 관한 일을 맡아보는 관청으로, 왕에게 올리는 식사를 비롯하여 대궐 안에서 음식을 제공하는 일을 관장하는 곳이었다. 왕과 왕실의 일상적 식사뿐만 아니라 각종 연회·제례 음식, 임금이 하사하는 음식까지 관장하였다. 국초에는 사옹방^{司饔房}이었다가 1467년(세조 13) 4월에 사옹원으로 이름을 고쳤는데, 이때부터 녹봉을 받는 관리를 두기 시작하였다고 한다.

격식에 맞는 식사나 상차림을 준비하기 위해서는 기본적으로 식재료 준비, 조리 과정, 그릇 준비, 상차림 등의 과정이 필요하다. 그중 식재료의 준비와 관리는 내자시^{內資寺}라는 별도의 관청이 맡고 있었다. 내자시는 궁중에서 쓰이는 쌀, 간장, 기름, 꿀, 채소, 과일, 술 등을 맡았던 관청이었다.

한편, 조리 과정은 사옹원이 맡았다. 사옹원에 소속된 재부^{宰夫}, 선부^{膳夫}, 조부^{調夫}, 임부^{飪夫}, 팽부^{烹夫}, 또는 대령숙수^{待令熟手}

라고 불리는 이들이 조리사의 역할을 하였다. 특히 임금의 수라 상은 사옹원의 산하 부서였던 소주방燒廚房이 맡았다. 소주방은 '불을 쓰는 주방'을 뜻하는 그 이름대로 실질적으로 음식을 조리 하는 곳이었다. 소주방은 수라간水刺間과 통칭하여 부르기도 하 지만, 엄밀히 말하자면 수라간은 상차림을 기획하고 음식을 그 릇에 담아 올리는 곳으로 분류하기도 한다.

조리된 음식을 담을 그릇도 마련해야 했는데, 이 일도 사옹 원이 맡았다. 그리고 사옹원의 또 다른 산하 부서로서 그릇 제 조를 전담하였던 곳이 바로 '분원'이었다. 왕실과 관청, 그리고 국가적인 행사에서 쓰일 그릇은 정해진 양식에 맞게 최상품으 로 만들어져야 했다.

조선 초에는 따로 분원을 두지 않고, 전국 각처의 사기소沙器 所와 도기소陶器所에서 생산되는 그릇을 상납하도록 하였다. 『세 종실록지리지』에 따르면 전국 각처에 324개소의 사기소와 도 기소가 있었다고 한다.[3] 그중 상품上品의 도자기를 생산하는 곳 은 네 곳뿐이었는데, 그중 한 곳이 경기도 광주 벌을천伐乙川(오 늘날의 번천리 또는 벌내)였다. 광주는 일찍부터 전국에서 으뜸가는 도자기 생산지였던 것으로 보인다. 성현成俔(1439-1504)이 쓴 『용 재총화慵齋叢話』에서는 "외방 각 지역에 (자기를) 만드는 자가 많 이 있는데, 고령高靈에서 만드는 것이 가장 뛰어나지만, 광주廣州

의 뛰어남만 같지는 못하다"라고 하였다.[4] 1425년(세종 7), 명나라 사신이 사기 진상을 요구하였을 때 광주목사에게 고품질의 사기를 만들어 바치도록 지시하였던 것도,[5] 광주에서 생산되는 도자기의 품질을 신뢰하였기 때문이었을 것이다.

국가적 필요에 응하는 최상품의 도자기를 생산하며 도성과도 가까웠던 광주 사기소는 정부의 관심을 한 몸에 받는 곳이었다. 언제 이곳에 사옹원의 분원이 공식적으로 설치되었는지는 명확히 특정하기 어렵다. 다만 광주 사기소에 사옹원 관원이 파견되었다는 기록은 중종 때부터 확인된다.

『신증동국여지승람』에서는 전국의 40개 자기·사기·도기소를 기록하면서도, 광주 토산 조土産條에서만 "매년 사옹원 관원이 화원畵員을 인솔하여 가서 어용御用 그릇의 제작을 감독한다"라고 하였다. 『용재총화』에서도 매년 사옹원 관원을 광주에 파견하여 봄부터 가을까지 그릇 제작을 주관하여 왕실에 수납하도록 한다고 하였다. 이로李魯(1544-1598)의 『송암집』에도 1570년(선조 3) 여름에 '사기의 땅' 광주에 파견된 사옹분감관司饔分監官이 언급되고 있다.[6]

이러한 기록들을 통해 적어도 16세기부터는 광주의 도자기 생산지가 사옹원의 특별하고도 직접적인 관리를 받는 곳이 되어 있었다는 것을 알 수 있다. 또 이곳은 왕실용, 또는 국가용 최상품 도자기 생산의 본거지가 되어 있었다. 그 연장선에서 이곳이 사옹원의 공식적인 '분원'으로 설정되었을 것으로 보인다.

조선 전기의 기록에는 '분원'이라는 명칭이 보이지 않는다. 그저 사옹원의 사기소, 혹은 자기소로 지칭되었다. 현전 자료 중에서 '사옹원 분원'이라는 명칭이 확인되는 최초의 기록은 1625년(인조 3) 7월 『승정원일기』의 기록이다.[7] 그 기록에서는 사옹원의 사기장沙器匠을 전국 각지에서 불러 모으는 일에 관해서 이야기하면서, 아직 도착하지 못한 장인들을 그달 그믐까지 빠짐없이 분원으로 보내도록 파발을 띄우자고 하였다. 같은 해 8월의 기록에서는 분원이 땔감으로 쓸 '나무가 무성한 땅'으로 계속 옮겨 다니는 문제에 대한 언급이 있었다.[8] 이를 통해 그 이전부터, 아마도 사옹원 관원이 파견되었던 16세기부터 광주에 사옹원 분원이 설치되어 있었던 것으로 추정된다.

도자기를 굽기 위해서는 양질의 도토陶土를 확보해야 했을 뿐만 아니라, 많은 땔감도 안정적으로 확보해야 했다. 따라서 분원은 나무가 우거진 곳을 찾아 자주 이동하였다고 한다. 1493년(성종 24)의 기록에 따르면, 사옹원 사기소에는 따로 지정된 시장柴場이 없어서 땔나무가 무성한 곳을 따라 옮긴다고 하였다.[9] 그러나 광주 분원이 공식화된 이후에는 주변 지역에서 땔감을 채취하여 쓸 권한이 부여되었다. 이에 따라 광주의 6개

면과 양근의 1개 면이 여러 해 동안 분원의 땔감 채취 지역으로 지정되었다고 한다. 하지만 이 때문에 18세기 초반 광주와 양근 일대는 "사방의 산이 민둥산이 되어 실로 땔나무를 취할 길이 없다"라고 할 지경이 되었다.[10]

민둥산이 되어 버린 곳에서 더 이상 땔감을 얻을 수 없게 되자, 1721년(경종 1)에는 이 문제에 대한 해결책을 논의하였다. 이때 분원을 우천 강가로 옮기기로 하고, 강을 통해 뗏목으로 운반되어 오는 타지의 나무를 사서 사용하도록 계획이 섰었다고 한다. 그렇게 타지의 나무를 사서 쓰는 동안 광주·양근의 7개 면에는 다시 나무를 기를 생각이었다.

하지만 이때의 계획은 구체적으로 실현되지 못하였고, 1725년(영조 1)에 다시 논의하게 된다. 새로 분원을 옮길 곳으로는 지평砥平 지역이 거론되기도 하였으나, 흉년이 든 때에 분원을 옮기면 여러 고을이 피해를 입게 되므로 그 이동 계획은 무산되었다. 특히 지평 지역은 강의 뱃길과도 80-90리 떨어지게 되어 토목의 운송도 어렵다고 하였다.[11]

그래서 분원은 계속 광주와 양근 일대의 강가에 남게 되었다. 대신 땔감을 마련할 방법을 구체화하였다. 본래 강원도에서 목재와 땔나무를 사서 강을 따라 서울로 운반하는 상인들은 강이 경유하는 고을마다 일정한 세稅를 내게 되어 있었다. 정부는 이렇게 고을의 세금으로 거두어지는 땔감을 분원의 것으로 돌리고자 했다. 광주·양근의 7개 면에서 나무를 집중적으로 기를 6-7년 동안에는 각 고을에서 세를 거두지 말고 대신 분원에서 세를 거두어 그릇 굽는 땔감으로 쓰도록 한 것이다.

이렇게 분원에서 타지의 땔감을 떼어 와 쓸 수 있는 길이 열리게 됨에 따라, 분원은 이제 잦은 이동을 멈추고 한곳에 정착할 수 있게 되었다. 분원이 최종적으로 정착한 곳은 우천 강가였다. 우천 강가에 사옹원 분원을 옮겨 설치하자는 의견은 1718년(숙종 44) 8월부터 있었다. 이때 세자였던 경종이 이를 허락하였고, 1721년 무렵 실제로 우천 강가로 옮겼던 것으로 보인다. 18세기 지도로 추정되는 《팔도군현지도》에서나 19세기 《동여도》나 《대동여지도》에서도 분원은 공통적으로 우천 근처에 표시되고 있다. 지규식의 터전이었던 남종면 분원리도 바로 이곳 우천 강가의 분원마을이었다.

지규식의 직업, 공인: 공용 물품 납품업자

공인이란?

그렇다면 분원에서 지규식이 맡아 하였던 일은 무엇일까? 『하재일기』를 쓰던 1891년 당시 지규식의 직업을 한마디로 표현하자면 '공인貢人'이었다. 그의 직업을 이해하기 위해서는 조선 후기 상인의 한 유형이었던 '공인'의 일반적인 개념과 '분원 공인' 사례의 특수성을 함께 이해해 볼 필요가 있다.

공인은 '중앙관청에서 필요로 하는 물품을 사서 납품하고 그 대가를 받는 상인'으로 정의할 수 있다. 그들이 납품하는 관수 물품은 공물貢物이었고, 납품의 대가로 받는 값은 공가貢價라고 하였다.

본래 공물이라는 것은 전통 유교 국가에서 거두는 기본적인 세금 명목 세 가지 중 하나였다. 세 가지의 기본 세금 명목은 조租·용庸·조調로 불렸는데, 첫째는 토지에 부과되는 조세였으며, 둘째는 16-60세 남성 한 사람 한 사람에게 부과되는 군역, 또는 노역의 의무였고, 셋째는 각 가호 단위로 부과되는 현물세였다. 공물은 그 세 번째 명목이었고, 원칙상 그 지역의 토산물을 현물로 납부하는 것이었다.

그런데 공물의 납부 과정에는 일찍부터 여러 가지 어려움이 발생했다. 지역별로 토산물의 편차가 있다 보니 이를 조정하는 과정에서 그 지역에서 생산되지 않는 물품까지 상납하라는 요구가 있기에 이른다. 심한 경우 산촌 지역에 해산물을 내라고 하는 경우도 생겼다. 이런 경우, 그 지역 사람들은 그 공물을 어딘가에서 따로 구해서 납부해야 했는데, 이로 인해 대신 공물을 구해서 납부해 주고 대가를 받는 사람들이 생겼다.

적정한 대가를 받을 때는 이 '대납代納'이 편한 방법이었지만, 문제는 대납해 주는 이들이 과도한 대가를 요구하며 횡포를 부리면서 시작되었다. 본래의 납세자들이 직접 공물을 구해 내려고 해도 오히려 가로막으며 자신에게 대가를 지불하라고 강요하는 사태가 일어나게 되었다. 이러한 행태를 '납부를 가로막는다'라는 뜻으로 '방납防納'이라 한다.

16세기부터 이러한 방납의 폐단이 심해졌고, 그 해결책을 모색하다가 조선 후기에 시행된 것이 대동법이다. 대동법은 공물을 현물로 거두지 않고 쌀이나 포로 대신 거두는 것이었으며, 부과 단위도 가호가 아닌 토지로 바꾸는 것이었다. 각 토지에서 거두어들인 대동미는 중앙으로 집결되었고, 정부에서는 이것을 재원으로 하여 공물을 사들였다. 이때 정부로부터 값을 받고 공물을 사 오는 담당자를 공인이라고 불렀다.

공인으로는 완전히 새로운 사람이 지정되기보다는 기존의 상인들, 특히 사적으로 방납 활동을 주도해 오던 이들이 지정되기가 쉬웠다. 어찌 보면 정부가 대납, 또는 방납이 만연한 현실 상황을 어느 정도 인정하고 그러한 현실 관행을 양성화, 제도화한 것이라 할 수 있다. 이전에는 사적인 방납인들이 중간에서 백성들로부터 공물값을 탈취하였다면, 이제는 중앙정부에서 일괄적으로 공물값을 거둬들이고 공식적으로 지정한 공인들에게 그 값을 주어 공물을 사 오도록 한 것이었다.

사상私商들이 제도권 내로 포섭되었던 경향은 같은 시기 시전 제도의 변화에서도 엿볼 수 있다. 시전은 국초에 도성을 설계할 때부터 도성의 필수 구성요소로서 종로에 설치되었던 국가 지정 상업기구였다. 시전은 국가에 대해 일정한 의무를 지면서 각자 맡은 물품을 독점적으로 거래할 수 있는 권한을 갖고 있었다. 그러나 16세기부터 시전이 아니면서도 도성 안팎에서 상거래를 하는 상인들이 늘어나기 시작했고, 임진왜란 때 시전 상인들이 뿔뿔이 흩어졌다 돌아온 이후에는 더욱 그러하였다. 정부는 이미 왕성하게 활동하고 있는 모든 사상을 일거에 없앨 수도 없었고, 재정난 해결을 위해서는 오히려 이들을 제도권 내로 포섭할 필요를 느꼈다. 정부에서는 이들 사상을 시전으로 공식 등록시키고 나라에 대한 의무를 지우는 방법을 택했다. 그

결과 17세기 말부터 18세기 초 무렵까지 시전의 수가 대폭 증가했던 것으로 알려져 있다.[12]

이러한 추세 속에서 조선 후기 서울에는 시전과 공인의 수가 함께 늘어나고 있었다. 시전인과 공인은 도성민의 주요 구성원이었다. '도성민의 생계는 오로지 공물과 시전에 의지'한다고 표현될 정도로,[13] 시전과 공인은 도성 경제의 핵심적인 두 축이었다. 본래 조선 전기까지는 시전인이 도성민의 대표 격으로 묘사되었지만, 이제는 공인도 시전인에 맞먹는 핵심 구성원이 되었다. 공인은 중앙관청으로의 관수물자 납품을 주된 의무로 맡고 있었으므로, 이들은 서울이나 그 인근 지역에 본거지를 둘 수밖에 없었다. 직접 지방 생산지나 장시에 가서 물품을 공수해 온다고 하더라도 결국 그 최종 집결지는 서울이었으니 말이다.

한편, 공인으로 지정되는 사람이 모두 순수한 상인에서 출발한 것은 아니었다. 때로는 각 관청 창고에서 물자의 출납을 담당하던 하급 실무직들이 공인의 역할을 하게 되는 사례도 있었다.

이러한 사례들은 조선 후기에 관청들에도 상업 활동의 권한이 주어졌던 것과 관련이 있다. 두 차례의 전쟁을 겪은 이후, 조선 정부는 재정난에 시달렸고, 재정 보충 수단으로 상업에도 눈을 돌리게 된다. 서울에 거주했던 훈련도감 등의 군병들에게도 밀린 급료를 대신하여 상업 활동을 허가해 주어 생계를 이을 수 있도록 한 것이 대표적인 사례이다.[14] 또 지방 관청에서도 상업 활동을 통해 부족한 재정을 채울 수 있도록 허용하기 시작하였다.[15]

관청이 상업 활동에 참여한다면, 그 실질적 담당자는 물자의 출납을 맡고 있던 사람들이 되기 쉬웠다. 각 관청의 창고지기(庫直)나 원역元役이 그 대표적인 예였다. 1753년 공인들이 왕 앞에서 호소했던 각종 폐단을 기록한 『공폐』에는 여러 공인 조직의 명칭이 확인되는데, 그중 특정 관청의 원역과 창고지기 등도 포함된 것을 확인할 수 있다. 어떤 경우에는 외부에서 공인 활동을 하던 사람을 관청의 창고지기 자리에 앉히는 사례도 보인다.[16]

이렇듯 조선 후기 공인이라는 집단 속에는 오래전부터 전국 각지의 생산지와 서울의 납품처를 이어 주던 상인들의 후예도 포함되어 있었고, 관청에서 물자 출납을 관리하다가 공인의 역할까지 하게 된 사람들도 있었다. 한편, 시전 상인이 공인권을 획득하여 시전과 공인의 역할을 겸하였던 사례도 종종 확인된다. 그 출신이 어떻든 공인의 역할은 상거래를 통해 관수물자를 제때 정해진 수량만큼 구매하여 소속 관청에 납품하는 것이었다.

이러한 의무 수행에 대한 대가로 주어지는 것은 조달한 물품 값도 있었지만, 해당 물종에 대한 유통 권한도 있었다. 시전 상인의 경우, 각자 취급하는 물종에 대한 독점적인 권한을 가졌고, 도성 안팎에서 자신 이외에 해당 물종을 거래하는 상인이 있다면 이들을 '난전亂廛'이라고 부르며 단속할 수 있는 권한도 가지고 있었다. 시전은 한성부로 들어오는 물품에 대한 구매 독점권도 가지고 있었고, 그렇게 확보한 물품에 대한 판매 독점권도 가지고 있었다. 시전에게 이러한 특권을 주었던 것은 이들이 관수물자를 조달하는 의무를 지고 있었기 때문이었다.

또 다른 관수물자 조달자였던 공인의 경우에도, 시전과 동일한 권한은 아니었지만 유사한 권한이 부여되었던 것으로 보인다. '관수물자'라는 명분은 각지에서 물품의 수량을 확보할 때 우선권으로 작용하였다. 특히 목재와 같이 나라의 허가 없이는 함부로 베거나 매매할 수 없었던 물종의 경우는 더욱 그러하였다. 관수용 목재의 조달을 맡았던 공인은, 관청에서 발급해 준 공문을 가지고 현지에 가서 필요한 목재를 확보하였다. 민간의 목재상은 공인의 공식적인 목재 조달 경로에 연결되지 않고서는 함부로 목재를 거래할 수 없었다. 한편, 목재 공인들은 자신들에게 부여된 그 공식적인 권한에 힘입어 관수용 목재뿐만 아니라 곁가지로 민간용 목재도 함께 확보하고 거래하기도 하였다.

공인을 바라볼 때, 정부 관청에 소속되어 관수물자의 조달을 주로 담당하는 역할에만 초점을 두게 되면 단순한 조달업자로만 볼 수도 있다. 그러나 그들의 실질적인 물자 조달 과정에서는 상거래가 필수적으로 이루어졌고 사적인 매매 활동도 벌였으므로, 엄연히 상인으로도 분류할 수 있다. 본래 상인으로서 활동하다가 공인으로서의 특권을 노리고 공인이 된 경우에는 그 출신으로 보아도 상인이라는 정체성을 부여하는 것이 옳을 것이다.

관청의 하급 실무직 출신으로 공인이 된 일부 사례도, 공인이 된 이후에는 상거래에 직접적으로 뛰어들며 상인으로서의 면모를 보여 준다. 지규식이 바로 이런 예에 속하는데, 그는 본래 분원의 원역이었다가 1883년에 공인이 되었고, 왕실과 관청에 대한 납품 거래를 주로 하면서도 민간의 주문·판매도 주도하였다. 분원공소가 폐지되어 공인의 역할이 없어진 이후에도 그는 계속 도자기 판매 사업에 종사하며 회사 설립을 추진하였다. 이를 볼 때, 출신이 어떻든 공인의 기본적인 직업 정체성은 상인으로 정리되어야 할 것으로 보인다.

물론 공인은 일반적인 상인들과는 구별되는 특수한 의무와 권한을 가진 상인이었다. 명목상으로는 세금의 일종이었던 공물을 대신 조달하고 그 대가를 받는 이들이었고, 그 명분으로 그 물종에 대한 유통 권한도 얻게 된 상인이었다. 이들의 활동은 국가의 재정 운영과도 직접적인 관계가 있었으므로, 조정에서도 공인을 보호의 대상으로 여겼다. 영조 때부터는 매년 정례적으로 '공시인순막貢市人詢瘼'이라는 행사를 열어, 왕이 직접 공인과 시전인을 만나 그들의 고충을 듣고 해결책을 마련해 주려 노력하기도 하였다.

1883년 분원 공인의 지정

이제는 지규식의 이야기로 돌아와 보자. 지규식은 어떤 경로로 분원의 공인이 되었으며, 그가 맡은 분원 공인의 역할은 일반적인 공인과 얼마나 같고 달랐는지 살펴볼 필요가 있다.

먼저 분원에 공인이 지정된 시점부터 주목된다. 분원은 1883년에 대대적인 개혁 조치가 있게 되면서 '분원공소分院貢所'로 정식 명칭이 바뀌게 된다. '공소貢所'로 이름이 바뀐 것은 이곳이 이제 공인들의 공간이 되었다는 뜻이다. 실제로 이때 분원의 도자기를 왕실과 관청에 납품하는 공인들이 설정되었다. 1884년(고종 21)의 「분원공소절목」에 따르면, "번소燔所의 원역員役 중 근실하여 임무를 감당할 자 12명을 새로운 공인(新貢)으로 삼는다"라고 하였다. 이때 공인으로 지정된 12명 중 하나가 지규식이었다.[17] 이후 공인이 추가로 설정되어 1893년(고종 30) 무렵에는 30명이 되었다고 한다.

대동법이 17세기에 전국적으로 시행되고 각 공물 종류마다 공인들이 지정되어 활동하였던 것을 비추어 볼 때, 1883년에야 공인이 처음으로 지정되었던 분원의 사례는 일반적이지 않았다. 18세기의 사료들에서 여러 공인을 탐색하다 보면, 봉상시, 사복시, 사도시, 군기시, 선공감, 제용감, 내섬시, 내자시 상의원 등 각 관청에 딸린 공인들이 빈번하게 등장하는 반면, 사옹원에 딸린 공인은 찾아보기 어렵다. 사옹원과 그 분원은 다른 관청에 비해 상당히 늦게 공인을 두게 된 것이라 할 수 있다.

공인이 늦게 지정되었다는 것은, 그 이전까지 계속 관영수공업으로 남아 있었던 분야라는 뜻이다. 교과서에서도 설명되듯이 조선의 관영수공업 체제는 16세기부터 쇠퇴의 조짐을 보였고, 조선 후기에는 정부도 수공업의 민영화를 용인하고 민간 수공업자들이 만든 제품을 구매하여 사용하기 시작하였다. 이때 관청에서 필요한 수공업 제품을 시장에서 구매하여 오는 역할을 하는 이가 바로 공인이었다. 하지만 사옹원 분원은 1883년까지도 관영수공업장으로 남아 있었다. 이 시기까지 관영수공업 체제를 유지한 분야는 무기 제조업 등의 극소수 사례에 불과

했으므로,[18] 사옹원 분원도 매우 특수한 사례에 속한다고 할 수 있다. 이것은 왕실용 도자기라는 물종이 가지는 특수성에서 비롯된 것으로 짐작된다.

물론 전국의 모든 도자기 제조업이 관영으로 운영되지는 않았다. 1753년 무렵 국상 제례 때 사옹원의 사기가 아닌 다른 제기가 쓰인 것을 보고 엄히 꾸짖은 적이 있었다. 알고 보니 제기가 모자라서 사기계沙器契로부터 조달받은 그릇을 썼다고 한다.[19] 이때의 사기계는 내자시에 소속된 반사기계盤沙器契 공인을 지칭하였던 것으로 보인다. 반사기계 공인은 왕실 혼례(嘉禮) 때마다 반盤과 사기沙器를 납품하였다. 그 납품 수량은 적게는 1천여 죽이었고 많게는 1만여 죽에 달했다. 하지만 그 값은 4분의 1, 또는 10분의 1밖에 지급되지 않아 반사기계 공인은 여러 차례 손해를 본다고 호소하였다.

한편, 중국 도자기를 무역해 오는 당사기계唐沙器契 공인도 보인다. 1793년(정조 17), 당사기계 공인은 자신들이 승정원에서 쓰이는 다기茶器를 납품하고 값을 제대로 받지 못하는 일에 대해 거론한 바 있었다.[20] 이런 상황을 볼 때, 왕실용 도자기 중 일부는 이미 18세기 중반부터 민간 구매를 시작하였다고 할 수 있다.

단, 사옹원 분원에서 만드는 왕실용 도자기들은 남다른 의미와 남다른 품질을 갖춘 것이었으므로 19세기 후반까지 계속 관영으로 남아 있었던 것으로 보인다. 영조 때 제례에서 사옹원 그릇이 아닌 민간의 것을 썼다고 엄히 징계하였던 것도 같은 맥락이었다. 조선시대에 그릇은 그저 단순히 음식을 담는 용기에 그치는 것이 아니었다. 신분과 명분에 따라 엄격한 격식이 요구되었다. 군신 간에도 부자간에도 쓸 수 있는 그릇이 달랐으며, 왕실 내에서도 왕이 쓰는 그릇과 세자가 쓰는 그릇의 격식이 다를 정도였다. 이러한 엄격한 격식에 맞게 왕실용·국가행사용 그릇을 전담하여 만들었던 사옹원 분원은 쉽게 민영화되기 어려웠을 것이다.

그렇다면 왜 1883년에는 분원의 운영을 공인들에게 맡기게 되었을까? 일차적으로는 당시 정부의 심각한 재정난과 그것을 타개하기 위해 추진된 관제 개편 때문이었다. 조선 후기부터 국가의 재정난은 해소되지 못하고 있었는데, 개항 이후에는 문제가 더욱 심각해지고 있었다. 재정이 넉넉지 않은 상황과 외세의 침입 속에서 부국강병책과 개화정책을 추진하는 것은 부담을 가중시킬 수밖에 없었다.

고종은 1882년(고종 19) 8월 무렵, 재정 위기를 타개하기 위한 방안으로 궁궐의 음식·의복과 하인을 비롯하여 불필요한 관청과 관원을 감축하는 방안을 제시하였다. 그러한 감축 조치를 '감생滅省'이라 하였고 감생청을 설치하여 이 일을 하루빨리 추진하도록 하였다. 감생청에서는 사용원에 대한 구조조정안도 구체적으로 시행하였고, 이때 사용원 분원에 대한 개혁도 이루어졌다.[21]

분원에 대한 조치는 다음과 같이 요약된다. 첫째, 분원에 더 이상 사용원 관원을 파견하지 않는다. 둘째, 민간에서 도자기를 굽는 것을 허락한다. 셋째, 상납되어야 하는 수량은 공인을 두어 조달하도록 한다. 넷째, 분원에서 관원들에게 정례적으로 바치던 인정人情을 없앤다. 다섯째, 정식으로 정해진 그릇값 이외에 지불되는 각종 비용도 없앤다. 이러한 조치는 결국 정부에서 분원의 운영 비용을 더 이상 대지 않겠다는 것이었으며, 필요한 그릇값만 지불하고 사서 쓰겠다는 뜻이었다.

단, 분원은 그대로 두었고 또한 완전히 민영화한 것도 아니었다. 분원은 여러 특권을 그대로 유지할 수 있었다. 우천을 통과하여 운반되는 목재들에 대해 10분의 1을 세금으로 거둘 수 있었고, 우천 장시에서 거래되는 상품들에 대해서도 수세권을 가지고 있었다. 또 분원 도자기의 민간 판매를 허락받으면서, 서울과 경기 지역에서 독점적 판매권도 갖게 되었다. 다른 지역 수공업장에서 생산된 도자기들은 원칙상 서울·경기 지역에 발을 들여놓을 수 없었다. 물론 이러한 원칙을 어기는 경우는 많이 발생하였고, 분원 공인들은 그 단속에 열을 올리기도 하였다.

이렇듯 분원에 주요한 특권을 계속 부여하고 있었던 것은, 분원이 여전히 국용의 도자기 생산·납품을 담당하고 있었기 때문이다. 분원의 가장 중요한 업무는 여전히 왕실과 관청에서 쓸 도자기를 제때 잘 납품하는 것이었다. 사적인 민간 판매를 허용하면서도 '공公을 우선한다'는 대원칙은 명확히 하였다.

갑오개혁 이후 분원 공인의 처지 변화

1883년에 출범한 분원공소는 그리 오래가지는 못했다. 1894-1895년에 추진된 갑오개혁에서는 공납제를 완전히 폐지하는 수순을 밟고 있었고, 공납을 대리하고 있었던 공인의 의미도 상실되고 있었다. 1883년이 되어서야 뒤늦게 공인이 되었던 분원 공인들로서는 10여 년 만에 공인이라는 이름을 떼어야 하는 상황이 되었다.

10여 년간의 공인 활동도 순탄하지는 않았다. 분원공소로부터 대량의 도자기를 납품받은 정부는 도자기값을 제대로 주지 못하고 있었다. 1895년(고종 32) 분원공소의 혁파가 논의되는 시점까지 정부에서 지급하지 못한 값은 무려 1,108,300여 냥에 달했다고 한다.[22] 이 때문에 분원 공인들은 고리의 사채를 얻어 쓰고 있었다.

지규식은 1895년 3월 16일, 서울에 다녀온 이순석으로부터 "분원을 지금 이미 혁파하였으니, 공인 1명을 불러 대기시키라"라는 명령서를 받게 된다. 지규식은 움직이지 않았고, 다른 사람이 상경하였다. 3월 18일에 서울에서 다시 온 편지에는 다른 이야기가 있었다. "분원을 혁파한다는 말은 와전된 것이다"라는 말과 "(분원)공소를 궁내부로 이속하니 각 항목의 지급 물목을 다시 절목으로 만들라"라는 명령이 담겨 있었다. 이번에는 지규식에게 밤을 새워 올라오라는 말도 있었다. 하지만 이번에도 지규식은 직접 상경하지 않고, 공소 절목책과 편지만 인편에 올려 보냈다. 이때 탁지부대신은 분원의 젊은이 10명 정도를 선발하여 일본으로 들여보내 기술을 배우게 하라는 명을 내리기도 했다. 이에 분원에서는 몇몇을 선발하였다고 한다.

　이렇게 분원공소는 1895년에 '혁파', 또는 '궁내부로의 이속'이라는 대혼란을 겪었지만, 그 영업이 중단된 것은 아니었다. 이 무렵 지규식은 분원 상황에 대해 한탄스럽고 답답한 심경을 토로하였지만, 마냥 손을 놓고 있지만은 않았다. 1896년(건양 1)에도 지규식은 공소의 지붕 기와와 담장을 고치고, 공소 성조 생신을 챙기고 치성을 드렸다. 그리고 1904년(광무 8)까지도 곳곳에서 공소의 묵은 그릇값을 받아 내고 있었다.

　그렇게 지규식은 분원공소 조직의 명맥을 이어 오다가 1897년

(광무 1)에는 '번자회사福磁會社'를 설립하게 된다. 번자회사에 대한 구체적인 구상은 1896년 11월부터 마련하여 전동博洞 김종한金宗漢(1844-1932) 대감과 상의하였던 것이 확인된다. 회사는 1897년 1월에 상무회의소에서 승인 절차를 받았던 것으로 보이며, 2월에는 깃대를 세우고 현판도 내걸었고, 3월에는 회사 도중都中에 도배를 시작했다. 1897년 2월 28일에는 궐내의 하 상궁을 만나 국장에 쓸 제기를 주문받기도 했다. 이때 지규식은 "나이가 많이 들었고, 마련할 수도 없고 구워 만들 수도 없다"라고 했으나 결국 요구 수량의 반만이라도 마련해 보기로 하고 값을 따져 보았다.

번자회사는 서울에 본사를 두고, 분원에서 자기를 생산하는 체제로 운영되었다.[23] 사장 1명과 출자사원 8명이 만든 합명회사였다. 사장은 최고위 관료 자본가였던 김종한이 맡았고, 서울 본사 사원 3명은 중하위 관료 자본가였으며, 분원 사원 5명은 분원공소 공인 출신들이었는데 그중 1명이 지규식이었다. 총 9명이 각자 15,000냥씩 투자하였고, 이익금을 똑같이 나누어 갖기로 하였다. 번자회사의 본사는 서울 광교廣橋에 두었다고 한다.

번자회사는 수입 도자기의 유통 확대, 일본인의 자기 생산 등을 배경으로 점차 어려움을 겪었다. 이에 대응하여 지규식은 채색 자기를 생산하기 위해 시도하면서 서울 응봉鷹峯 아래 은

곡銀谷에 새 가마를 개설하고, 1906년(광무 10) 무렵부터는 '번사회사燔砂會社'로 회사명을 바꾼 뒤 '번사주식회사'를 결성했으며, 1910년(융희 4)에는 분원자기주식회사를 설립하는 등의 노력을 기울였다.[24]

그러나 이러한 여러 변화 시도에도 분원 도자기업의 상황은 쉽게 호전되지 못했던 것으로 보인다. 번사회사의 시설도 점차 다른 용도로 떼어져 나가게 된다. 지규식의 일기에는 1899-1900년 무렵에 귀천과 석담의 진사들이 분원 내에 소학교를 설립하는 계획을 상의하는 내용도 나온다. 이때 분원 내의 포목계布木契 도가都家를 내어 주는 안을 마련하였다. 그리고 1906년에는 청년들이 본격적으로 학교 설립에 대해서 의논하기 시작하였고, 지규식도 학교 설립 자금을 출연하는 문제로 회의에 참여하였다. 청년들의 주도로 학교가 설립되었고 분원 내의 포목계 도가를 학교 건물로 쓰도록 700냥에 팔았다. 번사회사의 사장 김종한은 분원공립보통학교의 교장이 되었고, 학교에 130원의 지원금을 내기도 했다. 1907년(광무 11)에는 분원학교에 담장을 수축하기 위해 회사의 식재를 헐어 내었고, 회사 옛터에 학도들의 교련장을 만들어 수리하는 공사를 진행했다.

1908년에는 양근군의 가사중건소家舍重建所에서 폐허가 된 번사회사 행랑 3칸의 기와를 뜯어 갔으며, 학교 건물로 쓰기 위해 행랑을 헐기도 했다. 1911년에는 지규식이 "전 번사회사 기지基地를 영구히 매도한다는 증서"를 작성하여 본사의 한용식韓龍植에게 보내기도 하였다. 한용식은 이에 대해 "전 회사의 기지는 방매하지 않는다"라는 답장을 보내왔다. 이후 번사회사의 옛터와 시설들이 어떻게 처리되었는지는 알 수 없다. 다만, 1916년에는 분원자기주식회사도 자금난으로 문을 닫은 것으로 알려져 있다.[25]

이처럼 국가적 수요의 도자기를 생산하던 사옹원 분원은 종래 관영수공업으로 운영되다가, 1883년에는 별도로 지정된 공인들이 운영하는 '분원공소'로 전환되었고, 갑오개혁 때의 공인제도 혁파 이후로는 일부 분원 공인 출신들과 외부 자본가들의 합자를 통한 1897년의 '번자회사' 설립으로 이어졌다. 이후 자금 순환의 문제, 외국산 도자기 유통의 증가, 일본인의 도자기업 진출과 영향력 확대 등을 배경으로 번자회사는 운영에 어려움을 겪었고, 여러 활로를 모색했으나 별다른 효과를 거두지 못하고 1910년 무렵 폐업에 이른다.

『하재일기』를 통해 엿보이는 19세기 말에서 20세기 초의 분원 공인들의 삶은 급변하는 사회 속에서 많은 굴곡이 있었다. 계속 분원에 남아 도자기업에 종사하고 근대 회사로의 전환을 모색하던 이들도 있었고, 분원을 떠나 새로운 업종에 뛰어들거

나, 다른 지역을 떠돌며 생계를 이어 나갔던 사람들도 있었다.[26]
지규식은 그래도 최후까지 분원 도자기업의 명맥을 이어 나가
며 근대 회사를 설립하는 등의 새로운 시도를 주도했던 인물이
었다. 그 덕분에 그의 일기를 통해서 분원 도자기업의 굴곡도
구체적으로 엿볼 수 있다.

1891년부터 1911년까지, 약 20년 동안 기록된 『하재일기』에
는 조선시대 공인의 모습뿐만 아니라 근대화 과정에서 회사로
의 전환 및 그 이후의 운영상까지 담겨 있다. 이에 대한 연구들
도 많이 이루어졌다. 그 한 단계 한 단계 변화하는 모습을 속속
들이 들여다볼 수 있다면 좋겠지만, 이 책에서 그 모두를 다루
기는 어렵다. 이번 총서의 초점이 '전통시대의 생활상'을 복원
하는 것에 맞추어져 있으므로, 이 책은 『하재일기』에서도 근대
적 변화 이전의 모습, 즉 조선시대 제도에서 만들어진 상인의
한 유형인 '공인'의 생활에 초점을 두고자 한다. 일기가 시작되
는 1891년부터 분원의 '공소', '공인'이라는 타이틀이 없어지기
이전인 1894년(고종 31)까지의 기간에 집중하고자 한다.

대신 공간적인 면에서 공인 지규식의 생활상을 분원마을과
서울로 나누어서 살펴보고자 한다. 분원 공인 지규식은 분원마
을에 거주하며 인근 지역을 오가며 경제활동을 하면서도, 서울
을 자주 오갔다. 특히 일기가 시작되는 1891년 한 해 동안에는

분원에 머물렀던 날보다 서울에 머물렀던 기간이 더 길었다. 공인으로서의 삶을 입체적으로 살펴보기 위해서는 그의 이동 동선을 따라가며 추적해 볼 필요가 있겠다. 따라서 이 책에서는 시기별 변화 과정을 추적하기보다는 공간별 활동 양상을 추적해 보기로 한다. 한편, 공인으로서의 본업 활동을 공간별로 나누어 살펴본 후에는, 그의 개인적인 경제활동도 살펴보고자 한다.

2

분원마을과
이웃 마을을 오가며
일을 보다

분원과 밀착된 삶

집처럼 드나들었던 공방貢房

　앞서 말했듯, 『하재일기』는 가정일지의 성격과 업무일지의 성격을 동시에 가지고 있다. 집안의 경제활동과 집 밖에서의 경제활동이 명확히 구분되지 않는 당시의 시대적 특징도 앞에서 거론하였다. 이러한 특징은 그의 활동 공간에서도 나타난다. 지규식의 직업적 업무 공간과 가족들의 거주지는 매우 가까웠다. 지규식의 일터는 분원이었고, 집은 분원마을에 있었다.

　일기에서 드러나는 생활양식을 볼 때 지규식은 집에 머무는 시간보다 집 밖에서 활동하는 시간이 훨씬 많았다. 서울에 갔다가 분원마을로 돌아왔을 때도 집에 오래 머물기보다는 분원공소의 공방(工房)을 제집처럼, 또는 집보다도 더 자주 드나들었다. 『하재일기』가 시작되는 1891년 음력 1월 1일(이하 모든 날짜는 음력) 첫날부터 지규식은 새해 인사를 두루 드리고 오면서 공방에 들러 시를 읊었다고 하였다. 그다음 날에는 공방에서 여러 동료와 이야기하다가 밤이 깊어서 잠이 들었다고 하였다. 1월 10일에는 서울로 갔다가 2월 16일에 마을로 돌아왔는데, 돌아온 날에도 집보다 공방에 먼저 들렀다. 이처럼 공방은 지규식이 새해 첫날과 서울에서 돌아온 첫날부터 어김없이 들르고 동료들과 시간을 보내며 밤잠까지 자는 그런 곳이었다. 그 이후의 일기에서도 공방에 들르지 않은 날을 찾기 힘들 만큼, 공방은 그에게 제2의 집과 같은 공간이었다.

공방은 공인들이 모여서 일을 보던 곳을 일컫는 말이었다. 일반적으로 각 공인을 조직·집단 단위로 지칭할 때 공방, 또는 공계(貢契)라고 하는 경우가 많았다. 다른 공인의 사례이지만 1870년(고종 7) '사도시 공방' 이름으로 발급된 첩문(帖文)도 발견된다. 이 문서에 서명을 한 사람은 사도시 공방의 수석(首席) 1명, 영위(領位) 1명, 소임(所任) 1명, 원차지(元次知) 1명, 이정차지(釐正次知) 5명이었다. 즉 공방은 일정한 임원체계와 조직체계를 갖추고 있었던 공인들의 조합이었다고 할 수 있다.

지규식에게도 공방은 업무를 처리하는 공간이었다. 지규식은 공방에서 주도적인 입지를 가지고 있었다. 그는 공방에서 동료 임원들을 불러 그릇장수(器商)들에게 그릇값을 독촉하도록 지시하기도 하였고, 돈의 출납 내역을 회계 처리하기도 하였다. 또 동료들과 함께 회계장부들을 서로 대조하며 잘못된 계산을 바로잡는 작업을 하기도 하였다. 서울에 다녀온 후에도 공방에서 서울에서 쓴 비용들을 계산하여 장부에 작성하였다.

보통 시전이나 공인 조직의 우두머리 임원진은 '3소임三所任'으로 묶이는 경우가 많다. 규모가 큰 시전 조직의 경우, 간부진들의 조직인 대방大房과 일반 구성원들의 조직인 비방裨房으로 나뉘었는데, 대방과 비방 모두 각각 3소임을 두고 있었다. 면주전綿紬廛의 사례를 보면, 대방은 대행수 1명과 상공원上公員·하공원下公員, 2명을 묶어서 '3강三綱'이라고 하였다. 비방은 수석 1명과 소임 2명을 합하여 '3소임'이라고 불렀다.[27] 3소임은 조직의 대표자로서 조직에 어떤 문제가 생겼을 때 앞장서 책임을 져야 하는 자리였다. 나라에서도 어떤 사건을 소사하기 위해서 책임자를 불러들일 때 보통 해당 조직의 3소임을 소환하였다.

이렇듯 1명의 대표와 그를 보좌하는 2명의 실무자를 두어 조직의 대표 임원 3명을 꾸리는 방식은 분원공소에서도 마찬가지였던 듯하다. 1894년 6월 12일과 13일의 일기에 보면, 공당 대감의 분부로 분원의 "수석(또는 수공인首貢人)과 양소임兩所任"이 체포되어 서울로 간 것이 나온다. 또 실제로 분원 도중 회의에서 지규식이 수석에게 어떤 문제에 대해 의견을 올리고 그 답을 받는 모습도 나온다(1893년 8월 3일). 분원공소의 수석도 종종 서울에 머물렀던 것으로 확인된다. 서울에 있는 수석에게 편지를 보냈다거나 수석이 서울에서 편지를 보내왔다(1893년 7월 15일)는 내용이 보이기 때문이다.

수석을 보좌했던 '양소임'은 상장上掌과 하장下掌이었던 것으로 보인다. 상장과 하장은 각각 『상장일기』와 『하장일기』라는 장부를 관리하였고, 서로 대조하며 회계 오류를 점검하였다. 지규식은 1891년 1월 무렵, 『하장일기』를 작성하고 점검하며 수정하는 작업을 맡고 있었다. 하지만 이때 지규식이 직접 하장의 직임을 맡고 있었는지는 확인하기 어렵다.

지규식이 하장의 직임을 얻었다고 명시한 때는 1892년(고종 29) 12월 25일이었다. 이때 상장은 함동희가 되었다고 하며, 김익준은 무슨 직임이었는지는 나오지 않았지만 유임되었다고 하였다. 김익준은 『하재일기』의 처음부터 끝까지 특히 지규식과 친밀한 관계를 유지했던 인물로 지규식과 함께 분원 업무의 큰 축을 담당했던 것으로 보인다.

3소임 외에도 따로 '경소임京所任'을 뽑은 경우도 보이고, 그 밖에 수행隨行, 수간역首看役, 변간역邊看役 등의 직임도 보인다. 기존 연구에서는 '대행례大行禮'를 공방 도중의 업무를 총괄하는 대표 직임명으로 보고 거기에 2명씩 임명되었다고 보았다.[28] 이 것은 1891년 12월 23일 일기에서 김익준과 함동기에게 대행례를 맡겼다는 언급과 1894년 1월 21일 일기에서 이성도와 함장섭咸章燮에게 대행례를 맡겼다는 언급을 근거로 한 것이었다. 하지만 '대행례'를 공방의 우두머리 직임으로 해석하고 2명이 공동 대표를 맡았다고 추정하는 데에는 무리가 있는 듯하다. '대행례'는 '종묘 제례'를 뜻하므로 그 관련 업무를 그 두 사람에게 맡겼다고 보는 것이 자연스러울 듯하다.

분원 공인에게 이러한 공방 조직은 자신들의 생업을 계속 잘해 나가기 위해 반드시 필요한 공동체였다. 자기 동료 집단이 피해를 입게 되거나 어떤 위기에 맞닥뜨렸을 때, 이들은 함께 해결책을 회의하였고 필요에 따라서는 끈끈한 조직력을 바탕으로 공동 대응에 나서기도 했다. 이 업계에서 계속 정상적으로 활동하려 한다면, 이 조직을 떠나 활동하는 것은 상상하기 어려웠을 것이다.

공방에서는 '방헌房憲'이라는 일정한 규범을 두고 있었고, 규범을 어길 시에는 엄히 징계하거나 조직에서 배제하는 조치가

취해졌다. 1892년 8월 30일 일기에 따르면, 함장섭이라는 사람이 앞 동네 김사선金土先과 몰래 외점外店의 그릇장수(器商) 노릇을 한 일이 발각되어 도중 방회坊會에서 '방에서 내쫓는' '거방 去房' 조치를 취했다고 한다. 또 분원마을 사람 중에서도 이 일에 연루된 상인이 있다면 상부에 보고하여 엄히 징계하기로 의견을 모았다고 한다. 1894년 1월 3일에도 정권江權이라는 인물이 방헌에 위배되는 짓을 하여 "도중에서 극벌極罰로 영구히 축출시켰다"라는 기록이 나온다.

분원공소의 업무는 분원에서 생산되는 도자기를 궁궐과 관청에 납품하는 것이었으므로, 도자기를 생산하는 장인들과도 밀접한 관계가 있을 수밖에 없었다. 장인들은 공인들의 공방과 구별되는 '변방邊房'이라는 별도의 조직을 갖추고 있었다. 조선 초의 법전 『경국대전』에서는 사용원에 소속된 경공장京工匠을 380명이라고 규정하였다. 이들이 모두 분원에 소속되어 있었는지는 확인되지 않지만, 왕실·관청용 도자기의 생산을 전담하는 곳으로 사용원 분원이 지정되었던 만큼, 그에 상응하는 장인들이 분원에 배정되었을 것으로 짐작된다.

한편, 공방이나 변방만큼이나 자주 언급되는 조직은 '도중 都中'이다. 도중은 보통 어떤 동업자 집단의 조직이나 그 구성원 전체를 일컫는 말로 쓰인다. 특히 상인 조직에서 자주 보이는 표현인데, 시전의 경우에는 구성원들의 공동이익을 지키기 위해 만든 자신들의 조합을 도중이라고 지칭하였다. 대형 시전이었던 육의전의 경우, 도중을 이끌어 나가는 임원·간부진이 포진되어 있었고, 그 산하에 세부적인 하부 조직들도 구성되어 있었다. 『하재일기』에는 기전畿廛이라는 시전 도중도 나오고, 선박 운송업을 하는 뱃사람들의 선도중船都中, 금석계金石契 도중 등도 나온다.

지규식이 소속되어 있었던 도중은 물론 분원의 도중이었다. 지규식이 서울에 머물고 있을 때, 분원 도중에서 인편을 통해 꾸준히 편지를 보내오고, 지규식 역시도 도중으로 사람과 편지를 보냈다. 그런데 이때의 분원 도중은 공방 도중과 변방 도중으로 다시 나뉜다. 하지만 양쪽의 명확한 구분 없이 그냥 도중이라고만 쓴 경우가 훨씬 많았다.

그냥 도중이라고 통칭할 때 변방에 관한 이야기가 자주 동반되는 것을 보면, 도중은 공방과 변방을 아우르는 조직을 지칭하는 표현이 아니었나 싶다. 즉 분원에 소속된 공인들과 장인들이 함께 소속되어 있는 조직이었을 것으로 보인다. 지규식을 비롯한 공인들은 종종 변방의 장인들과 입장 차이를 보이기도 하였다. 1891년 4월 6일의 일기에서 지규식은 그날의 도중 회의에 관해서 쓰면서 "변방에서 공해미公廨米의 일로 계속하여 호소하니 통탄스럽고 가증스럽다"라고 하였다.

　도중에서는 회의가 있거나 특별한 때에 잔치를 베풀고 구성원들에게 음식을 나누어 주기도 했다. 1891년 2월 20일의 일기에는 "도중에서 특별히 술과 안주를 마련하고 나를 초대하여, 여러 동료가 모여서 함께 마셨다"라고 하였다. 방회가 열린 날인 1891년 12월 25일에는 도중에서 소를 잡아 고기를 나누었다고 하고, 이틀 뒤인 27일에도 도중에서 소를 잡아 고기를 나누었다고 하였다. 1892년 1월 3일에는 도중에서 고사 지내고 남은 음식을 동료들과 나누었다고 하였다.

　분원의 도중은 사무소 기능을 하는 일정한 건물도 가지고 있었다. 도중에서 술자리를 마련하여 지규식을 초대하였다는 것에서도 이를 짐작할 수 있다. 또 1891년 4월 23일의 일기에 따르면, 도중에 현판을 걸고 밤늦게까지 잔치를 벌였다는 내용도 찾아볼 수 있다. 도중 차원에서의 회계 관리도 있었던 것으로 확인된다. 1891년 12월 19일의 일기에는 수표와 월수를 처리하고 남은 돈을 『도중일기都中日記』에 달아 넣었다는 내용이 있다.

분원에서 일어나는 일들

그렇다면 이러한 분원 도중과 공방에서 지규식은 구체적으로 어떤 일을 하였을까? 분원의 가장 기본적인 업무는 가마에서 도자기를 생산하는 일이지만 그것은 변방 장인들의 몫이었다. 공방에 속한 공인들은 그렇게 생산된 도자기를 왕실·관청·민간 상인에게 납품하고 그 값을 받아 오는 일을 하였다. 이를 위해 왕실·관청·민간 상인에게 주문서를 받아 와 분원에 전달하였고, 선불금·후불금과 운반 비용 등을 계산하여 값을 수금하였으며, 필요한 자금을 대출받아 오는 역할도 하였다. 또 분원 운영 경비 마련을 명목으로 나라에서 부여한 주변 고을에 대한 수세권收稅權을 집행할 때에도 공인들이 나섰다.

따라서 지규식의 일기에서 그가 분원에서 하는 업무로 자주 나오는 것은 먼저, 서울 관청과 민간 거래처로 도자기를 납품하는 일이었다. 지규식이 직접 서울로 올라가서 납품 절차를 담당하는 일도 있었지만, 분원에 머물면서도 서울로 올라가는 도자기 짐을 싸서 보내는 일에 관여하고 이것을 일기에 꼬박꼬박 기록하였다. 분원에서 납품할 도자기의 '짐을 싸는' 일을 '결복結卜'이라고 하였다. 지규식은 분원에서 '결복'을 하여 서울로 실어 보낼 때 이 일을 일기에 썼고, 자신이 아닌 다른 공인이 결복을 담당한 경우, 누가 담당하였는지도 썼다.

분원의 도자기 상납 수량은 정례적인 것과 비정례적인 것으로 나뉘었다. 정례적으로 진상하는 '원진상元進上'은 각 궁궐 전각 및 종묘사직, 각 능원陵園, 내의원(內局), 성균관, 동·남·북의 관왕묘, 알성례謁聖禮, 가례嘉禮, 진찬進饌, 진작進爵, 산실産室, 국가 장례(因山), 칙사 접대(支勅) 등에 필요한 도자기들이었다.

이 밖에 비정례적인 요구는 '별번別燔'이라고 하였다. 별번의 경우, 수시로 생기는 용도에 따라 추가로 도자기를 구워 상납하도록 하는 것이었다. 그래서 정례적인 진상 물목과 비교했을 때, 비정례적인 별번의 목록은 그 종류가 3배에 이를 정도로 다양했다.[29] 같은 종류의 도자기를 추가로 구워야 하는 때도 있었지만, 아예 다른 용도와 다른 모양의 도자기를 요구하는 때도 있었기 때문이다. 이때 최고급 품질의 도자기가 주문되는 일도 있었다.

상납해야 하는 도자기의 수량도 많았다. 고종 초기 『육전조례』 규정에 따르면, 매년 정례적인 진상 분량이 1,372죽 정도였다. '죽'이라는 단위는 그릇 10벌을 묶은 것이라고 하니, 1만 벌이 넘는 그릇이 진상되어야 했던 것이다.[30] 여기에 비정례적인 진상 분량도 더해졌다. 어떨 때는 비정례적으로 요구되는 수량이 정례적인 요구량의 수배에 달하기도 했다. 1893년 9월 23일에는 진찬용 도자기 5천여 죽을 밤을 새워 구워서 진상하라는 엄중한 주문이 내려진 적도 있었다.

서울에서 시전 상인이나 남대문·동대문 상인이 내려와 '결복'을 해 가는 경우에도 지규식은 누가 언제 와서 결복을 하고 언제 떠났는지 기록하였다. 특히 종로 기전(綦廛) 상인들이 직접 분원에 와서 도자기를 싣고 간 일이 일기에 자주 보인다. 때로는 기전 상인이 직접 오지 않더라도, 지규식이 분원에서 주문된 도자기를 싸서 올려 보내 준 일들도 종종 보인다. 짐을 싸는 단위를 보면 적게는 10바리(馱), 많게는 20바리에 이르렀다.

그 과정에서 서울 본원과의 공문 수신·발신 및 민간 거래처와의 편지 수신·발신도 빈번하게 이루어졌다. 납품을 위해 분원과 서울 사이를 오가는 인편이 꾸준히 있었는데, 이를 통해 공문과 편지를 수시로 전달받거나 전달하였다. 여기에는 물자나 돈의 거래도 동반되었다. 당시에는 수표나 어음 거래가 잦았으므로 편지를 통해서도 대금이나 대출금의 상환이 가능했다.

다음으로, 지규식은 공방 회의나 도중 회의에 참석하여 공인들과 분원의 현안을 논의하고, 그들의 이해관계와 공동이익을 보호하기 위해 힘썼다. 1891년부터 1894년까지의 주요 현안은 우천을 오가는 상인들과 뱃사람들이 분원의 세금 징수를 거부하여 저항한 사건, 지방의 사점(私店)에서 생산된 도자기를 사사로이 매매하지 못하도록 단속하는 것 등이었다. 전자의 이야기는 다음 장에서 우천에 대해 다루면서 다시 이야기하도록 하고, 후자에 대해서 먼저 살펴보자.

도자기 매매에 있어서 분원공소는 일정한 특권을 지니고 있었다. 왕실·관청용 도자기를 담당하는 것에 대한 대가로 서울과 경기 지역의 도자기 매매에 대한 독점적인 권한을 부여받은 것이다. 원칙상 지방의 사점에서 생산된 도자기는 서울·경기 지역에서 판매할 수 없었다.

1891년 1월 22일에 지규식은 "외읍外邑 사점의 그릇을 엄중히 단속하라"라는 내용으로 상리국商理局 공문의 초안을 써서 집리에게 보냈다. 상리국이란 고종 때 보부상을 관할하던 관청이었으므로, 그 공문은 보부상의 도자기 매매를 단속할 수 있는 효력을 가진 것이었다. 그러나 그 단속이 제대로 되기는 어려웠던지, 이 문제를 해결하기 위해 지속적으로 애쓰는 모습이 보인다. 1891년 4월 10일에는 지규식이 분원 공인으로서 직접 서울 안팎의 점포들에 "외읍의 그릇을 매매할 수 없다"라는 내용의 통문(私通)을 보내기도 했다. 1893년 3월 14일에도 외읍 사점의 그릇을 금하는 일로 고양高陽·과천果川·광주에 공문을 발송하기 위해 사람을 보냈다.

이러한 금령을 위반하면 분원이 나서서 엄히 단속하였다.

1893년 1월 23일, 지규식은 분원에서 4명의 사람을 곳곳에 나누어 보내며 외읍 사점의 그릇을 매매하는 현장을 조사하고 잡아 오도록 하였다. 이때 단속에 걸린 그릇장수들은 분원에 가두어 두고 징계를 하였다. 이들에게는 외점의 그릇을 속히 외읍으로 이송하고 다시는 경기도 내에서 매매하지 말라고 경고하였고, 그릇장수들은 수없이 사죄하고 다짐을 한 후에 풀려날 수 있었다.

심한 경우에는 외읍의 사기장을 체포해서 보내 달라고 관아에 요청하기도 하였다. 1891년 2월 1일, 지규식은 황해도 해주海州 엄장동巖長洞 고석우古石隅 사점과 옹진瓮津 장척리점長尺里店에가 있는 분원의 그릇장수들을 잡아서 올려 보내 달라는 관문의 초안을 작성한 바 있었다. 그해 7월 1일, 8일, 16일, 23일, 26일의 일기에서도 해주 사점의 사기장을 체포해서 소환하는 공문에 대해서 끊임없이 거론하고 있다. 7월 21일, 22일의 일기에서는 해주 사점의 그릇을 실은 배를 탐문하기 위해 토정土亭으로 사람을 보낸 것도 확인된다.

분원 내 공인들도 이러한 원칙을 위반하지 않으리라는 법은 없었다. 외부 그릇장수와 결탁하여 몰래 사적인 매매를 하는 일도 있었기 때문이다. 1892년 8월 30일에는 함장섭이 앞 동네의 김사선과 몰래 외점의 그릇장수 노릇을 하다 발각되어 분원 도중에서 거방_{去房} 조치를 받았다고 한다. 이런 일들 때문에 1892년 12월 25일, 공방 회의에서는 외읍 사점에서 만들어진 그릇의 매매를 금지하자고 여러 동료가 사발통문으로 맹세하기도 하였다. 그런데도 동료 공인들의 일탈을 막기는 어려웠다. 1893년 6월 1일에는 단속을 나갔던 분원 동료 이희정과 변주은이 오히려 등짐장수에게 100냥의 뇌물을 받고 400냥의 어음만 받아 돌아온 일이 있었다. 분원 도중은 이들의 소행에 대해 처벌하고 거방 조치하였다.

내곡(내동)

지규식은 1891년부터 1905년(광무 9)까지 매년 새해가 되면 내곡_{內谷}(또는 내동_{內洞})의 관성제군묘에 들러 한 해 운을 점친 후 이웃 어른들에게 인사를 돌았다. 내곡의 위치는 정확히 어디인지 알 수 없으나 일기에 나오는 동선을 생각할 때 내곡은 지규식의 집과 상당히 가까운 곳이었을 것으로 추정된다. 석촌에 갔다가 석양 무렵 돌아오는 길에 내동을 들렀다 귀가하는 때도 있었고, 밤 깊은 시간에 내곡에 다녀오는 경우도 많았기 때문이다. 【표 1】에서 확인되는 '내동'이라는 지명도 분원리와 함께 남종면에 속했다.

관성제군묘는 '관성묘', 또는 '관왕묘'로도 불리는데 『삼국지』의 영웅 관우를 모시는 사당이다. 관우를 숭배하는 신앙은 임진왜란 때 명나라 군대가 들여온 것으로, 처음에는 조선에서 별로 받아들여지지 않다가 숙종-정조 대를 거치면서 국왕이 직접 관왕묘에 가서 제례를 행하고, 서울에 남관왕묘와 동관왕묘를 세우면서 18세기 이후에는 민간신앙으로 확산되었다.

특히 상인들에게 관왕은 '재복신'으로 숭배되는 대상이었다. 서울의 시전 상인들도 종루(보신각) 뒤편에 '중묘中廟'로 불리는 관왕묘를 건립하고 제사를 지내고 장사가 잘되기를 빌었다.[31] 시전 상인들은 매월 초하루와 보름날에 이 관왕묘에 제사를 올렸고, 대제大祭 때에는 육의전 상인들이 경쟁적으로 기금을 냈다고 한다. 지규식이 새해 첫날마다 분원에서 가까운 관왕묘를 찾아가서 제사를 올렸던 것도 아마 '재복'을 빌기 위함이었을 것이다.

지규식이 새해 첫날 관성제군묘를 들른 뒤 처음으로 인사를 간 곳은 내곡(또는 내동)의 '윤 상사上舍', 또는 '윤 진사進士' 댁이었다. 가장 자세히 쓸 때는 '윤 상사 분서 선생尹上舍汾西先生'이라고 하였다. 윤 상사가 상을 당했을 때, 또는 대상·소상이 있을 때, 혼사가 있을 때도 지규식은 찾아가 위문을 하거나 부조금을 보냈다. 윤 상사가 지규식을 찾으면 곧장 찾아가 뵙고, 때로는 필요한 돈을 마련해 주기도 했다. 1892년에는 지인의 소실이 산 달을 맞아 급히 거처를 구하자 지규식이 내곡 윤 상사 댁에 간곡히 부탁을 넣어 빈 건넌방을 빌려준 일도 있었다.

한편, 지규식은 '박 판서'라는 인물에게도 자주 찾아가 이야기를 하고 부탁을 들어주고 연말에 선물을 보내는 등 관계를 돈독히 유지했다. 보통 지규식은 귀천, 석촌 등지의 양반들을 언급할 때는 보통 지역명을 이름 앞에 붙여 언급했는데 '박 판서'는 별다른 지명을 붙이지 않고 언급했다. 1899년(광무 3) 6월, '남계(南溪) 박 판서 대감'이 별세했다는 이야기가 나오고 이후로는 별다른 왕래가 없는 것을 볼 때, 그의 거처는 남계였을 것으로 짐작된다. 굳이 지명을 붙이지 않고 '박 판서'라고만 한 것은 그가 가까운 곳에 살았기 때문인 듯하다.

실제로 박 판서가 아침에 불러도 급히 가서 뵈었고, 초대를 받아 아침을 먹고 돌아오는 일도 있었으며, 박 판서가 분원이나 지규식 집에 오는 일도 종종 있었다. 1894년 3월에는 박 판서 대감이 꽃구경을 하러 분원공소에 들어와 술과 음식을 대접한 일도 있었다.

지규식은 종종 야심한 밤에 '내곡 이이선 선생 댁'에 가서 밤새 이야기를 나누고 돌아오기도 했다. 이이선과 형제였을 것으로 짐작되는 이일선은 분원 사람이었고, 1909년(융희 3)까지도 왕래가 확인된다.

이 밖에도 지규식은 종종 이웃 마을 어르신들을 언급하며 인사를 다녔다. 이 각각의 인물들이 분원 업무에 어느 정도 관여하였는지는 명확히 확인되지 않는다. 다만 분원마을에서, 또는 그 이웃 마을에서 함께 거주하는 양반들과 돈독한 관계를 유지하는 데 지규식이 상당히 공을 들였던 것을 알 수 있다. 또 분원마을은 기본적으로 분원 동료들이 함께 거주하는 마을이었으므로, 이웃 공동체로서도 그 관계가 친밀하고 중요했다고 할 수 있다.

분원마을의 구성원들도 분원을 중심으로 관계를 맺고 있었을 것으로 짐작된다. 분원마을은 이 인근 지역에서 중심지 역할을 하였다. 중앙관청의 분원이 여기에 있다는 점, 서울과 이곳의 왕래가 빈번할 수밖에 없었던 점, 전국적인 수준의 고품질 도자기를 제작하고 운반하기 위한 인력들이 많이 거주하고 있었다는 점들은 이곳이 중심적인 입지를 가지기에 충분한 조건이었다. 18세기 중반 기록에서 나타나는 분원리 인구는 남녀 합계 총 664명이었고, 호수는 181호였다. 【표 1】과 같이 분원리는 남종면 중에서 인구가 가장 집중된 곳이었다.

	관문에서의 거리	편호	남	여	인구 합계
수청리(水靑里)	남쪽 25리	51호	96명	73명	169명
사천리(沙川里)	남쪽 30리	36호	71명	67명	138명
귀여리(歸歟里)	남쪽 40리	80호	173명	171명	344명
우천리(牛川里)	남쪽 40리	16호	26명	29명	55명
내동리(內洞里)	남쪽 40리	23호	53명	44명	97명
분원리(分院里)	남쪽 40리	181호	285명	379명	664명

표 1 18세기 중반《여지도서》에 기록된 양근 남종면의 호구

이웃 마을을 빈번히 오가다

지규식은 분원마을을 벗어나 이웃 마을이나 강 건너편의 마을까지도 빈번히 오갔다. 때로는 남한산성까지 다녀왔으며, 이천·여주·원주 등지로도 출장을 다녀왔다. 먼저 분원과 가까운 인근 마을들을 오간 주요 동선부터 정리해 보자면, 다음【그림 7】과 같다.

우천에 나가서 세를 거두다

우천은 1973년, 팔당댐이 완공되면서 물에 잠기게 된 마을

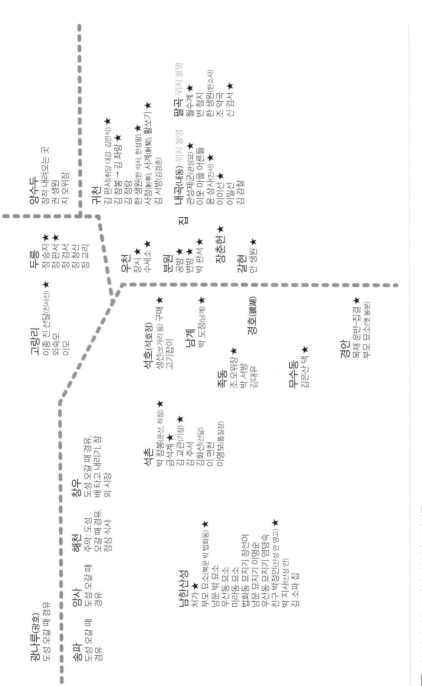

그림 7 지규식이 자주 오갔던 분원 인근 지역들

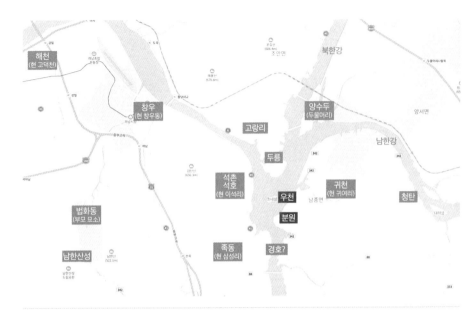

로 위의 【그림 8】에서처럼 현재 팔당호 안에 '소내섬'으로 그 흔적만 남아 있다. 북한강과 남한강이 합류되어 한강으로 흘러가기 전 남쪽으로 갈라져 흐르는 지천이 바로 우천이었다. 이곳은 넓고 비옥한 벌에 풀이 많아서 소를 치기 좋았기 때문에 '우천(牛川)', 또는 '소내'라고 했다는 설이 있다. 한편 수로 교통이 좋았던 이곳에 장(場市)이 섰고, 물자를 실은 소와 말이 많이 오가고 우시장도 크게 열렸던 것에서 지명이 유래되었다는 설도 있다.

우천은 앞서 보았던 【그림 4】와 같이 분원과 인접한 곳이었다. 위치상으로 가까울 뿐만 아니라 업무적으로도 밀접한 관계를 맺고 있었다. 분원은 나라의 최상품 도자기를 생산하기 위해 땔감과 흙을 비롯한 많은 물자와 운영 경비가 필요하였다. 이러한 물자와 경비 마련을 위해 나라에서는 분원에 인근 지역에 대해 일정한 세를 걸을 수 있는 권한, 즉 수세권을 부여하였다. 대표적으로 강원도에서 강물을 통해 운반되어 오는 뗏목에 대한 수세권이 있었다. 뗏목이 분원 가장 가까이 지나가는 곳이 바로 우천이었다. 한편 분원은 우천 장터에 대해서도 '장세場稅'를 거둘 수 있는 권한을 가지고 있었다.

이 때문에 분원 사람들은 우천으로 자주 왕래하였다. 지규식의 일기에 따르면 분원은 우천에 '세소稅所'를 두고 있었다. 다음 【표 2】는 지규식이 1892년 한 해 동안 우천에 방문한 날들을 표시한 것이다. 그는 서울이나 다른 지역으로 출장을 갔을 때, 또는 겨울철을 제외한 기간에는 우천에 매우 빈번히 방문하였다.

그가 우천에 가서 주로 한 일은 첫째, 세전을 거두는 것이었다. 세전을 거둔 날은 그 액수를 일기에도 기록해 두었다. 둘째, 서울로 짐을 실어 보내는 일이었다. 셋째, 우천에 가서 책이나 시구를 베껴 적거나 시를 짓거나 활쏘기 연습을 하는 등 개인적인 소일거리를 하는 경우도 있었다. 지규식은 우천에서 종일 일

일	1월	2월	3월	4월	5월	6월	윤6월	7월	8월	9월	10월	11월	12월
1							○	○	○				
2	○	서울											
3			○	○				○					
4				○		○			○				
5		남한산성	홍천	○	○			○					
6				○		○		○		○	서울		
7						○		○					
8				○				○	우산	○			
9				○	○								
10				○		○		○		○			
11		○	○	○						○	○		
12		○	○					○	○				
13		○	○			○			○	○			
14						○							
15			○			○						○	
16			○				○						
17		○	○	○	○	○							
18		○	○	○	○	○		○		○			
19						○		○					
20		○				○							서울
21			○	○			서울						
22		○	○		○			○		○			
23			○	○		○	○	○		○			
24		○					○	○					
25			서울	○				○					
26		○		○			○	○	원주				
27		○	○	○			○	○					
28	서울	○	○		○			○		서울			
29		○	○	○		○							
30			○					○					

표2 1892년 한 해 동안 지규식이 우천에 방문한 날(○ 표시)

을 보다가 저녁에 들어오는 날이 많았는데, 여유가 있을 때는 이렇게 소일거리를 하며 세소에 머물렀던 것 같다.

분원이 우천 나루, 또는 우천 장터에서 세를 거둘 때 우천의 상인들로서는 알게 모르게 불만이 쌓였을 것으로 짐작된다. 그런 잠재된 불만이 실제로 1891년에 폭발한 적도 있었다. 이 사건은 『하재일기』에 고스란히 담겨 있다. 이때에는 우천의 장시를 아예 분원 안으로 옮기려는 시도가 있었고, 이에 대해 우천 지역 사람들이 집단으로 저항하면서 큰 사건이 터지게 되었다.

일기에 따르면, 1891년 1월 9일, 수북水北 지역 각 동洞의 사람들 300여 명이 모두 우천에 모여 분원 안의 장시로 몰려 들어가 상인들을 몰아냈다.[32] 이들의 목적은 장시를 다시 우천으로 옮겨 설치하는 것이었다. 장시를 우천으로 옮기고서는 분원 변방의 도자기 장인 이덕유李德有를 붙잡아다가 다시는 장시의 일로 소란을 일으키지 말라고 공갈 협박을 하였다고 한다.

공갈 협박을 당한 분원의 장인 이덕유는 다음 날인 1월 10일, 동료 장인들과 함께 서울에 가 있던 지규식을 찾아가 소식을 전했다. 지규식도 이 소식에 분통을 터뜨렸다. 그다음 날인 11일에도 분원 도중에서 편지를 보내왔고, 지규식은 곧장 서류를 갖추어 사옹원 집리에게 보냈다. 관부에서도 12일에 바로 응답이 있었다. 공당 대감(사옹원 담당 당상관, 3장에서 상술)이 우천 장시의 일을 듣고 대단히 진노하여 각 동의 두민頭民과 우천의 3소임을 붙잡아 올리도록 관문을 발송하라 하였다는 것이다.

13일에는 지규식이 직접 공당댁에 찾아가서 우천 장시의 일을 고했다. 지규식은 오히려 이 일을 없었던 일로 덮어 두는 것이 좋겠다고 하였으나, 공당은 노여움을 누그러뜨리지 않고 동의 두민과 양근의 영저리營邸吏를 즉각 잡아 오라고 명하였다고 한다. 지규식은 그날 저녁에 김 판서에게도 우천 장시의 일을 자세히 전하였다. 분원에서도 같은 일로 계속 편지를 보내왔다.

일은 더 심각해졌다. 15일에 다시 상경한 이장백의 말에 따르면, 수북 지역 사람들이 분원의 한보여와 장인득을 붙잡아 두고는 분원에 불을 지르고[33] 분원 사람들을 구타하였다고 한다. 그래서 분원의 장인들이 흩어져 도자기 굽는 일이 중단될 수밖에 없었다. 소식을 들은 지규식은 저녁상을 앞에 두고도 밥을 먹지 못했고, 소식을 전한 이장백에게 대신 밥상을 내어 주었다. 그리고는 곧장 관청에 올릴 서류 초안을 작성하였다.

22일에도 분원에서 또 사람을 보내왔다. 이때에는 선도중 두목 유성안劉性安이 우천에 방榜을 내걸고 뱃사람과 목재상들에게 세금을 납부하지 말라고 한 일이 있었다고 한다. 다음 날에도 분원에서 편지가 왔는데, 가마집이 엎어져서 빚어 놓은 그릇이 모두 파손되었다는 소식이었다. 소문에는 분원 인근 장시에서 한밤중에 갑자기 원인 모를 화재가 나서 점포 셋이 불탔다고도 하였다. 우천과 분원 일대의 어수선한 분위기가 계속 탐지되는 상황이었다. 또 사건의 국면은 장시의 위치 문제에 대한 불만에서 더 나아가 분원의 수세를 거부하는 움직임으로까지 이어지고 있었다.

지규식은 서울에 와 있던 변방의 장인들과 함께 공당댁에 가서, 분원에서 소란을 일으킨 수북 사람들을 엄중히 처벌해 달라고 요청하였다. 경기감영과 광주에도 관련 관문을 발송해 달라고 하였다. 공당은 그 요청대로 조치해 주었다. 사옹원 관원은 기본적으로 분원 사람들을 보호하는 입장이었다. 분원이 안정적으로 운영되어야 필요한 도자기의 공급과 사옹원의 업무에 차질이 없기 때문이었다. 그래서 지규식도 공당에게 문제 해결을 요청할 때 "(분원 장졸들이) 안심하고 공무를 봉행할 수 있게" 해 달라며 '공무 수행'의 명분을 내세웠다.

하지만 양근군의 입장은 좀 달랐던 것으로 보인다. 양근군에서도 중앙의 명령에 따라 우선 우천동의 3소임을 붙잡아다 조사를 하였다. 그런데 조사해 본 결과, 장시를 옮기는 문제로 소란을 피운 것은 우천동에서 주도한 것이 아니라 각처의 백성들이 각자 스스로 소란을 피운 것이라고 보고하였다. 그래서 우천동 3소임은 실상 죄가 없어 보이므로, 서울로 압송해야 할지는 다시 처분을 내려 달라고 하였다. 2월 23일에는 우천의 안주부安主簿가 지규식을 찾아와 우천동은 정말로 죄를 범한 것이 없고 모두 각 동에서 방해를 한 것이니 공당에게 말씀을 잘해 달라고 부탁을 한 적도 있었다. 그래도 공당은 결국 우천동의 관련자들을 즉시 잡아 올리도록 하였다.

분원에서 우천을 오가는 뱃사람과 목재상들에 대하여 세를 걷는 문제에 대해서도 사용원의 입장과 강원도의 입장에 차이가 있었다. 1890년(고종 27) 12월 무렵에는 "각처 포구의 조세를 혁파한다"라는 명령이 내려진 바 있었다. 1891년 1월 14일, 서울에 있던 지규식도 "선도중의 뗏목에 수세하는 일을 허락하지 않는" 문제에 대해서 고심하고 있었다. 우천을 오가는 뱃사람들과 상인들은 이러한 전령에 힘입어 분원의 수세에 대한 누적된 불만을 표출했던 것이었다. 2월 초에는 강원도 춘천 감영에서도 수세를 혁파하라는 전령이 내려졌다는 소식이 전해진다.

이 소식을 들은 지규식은 공당에게 가서 춘천 유수와 논의하여 선도중에게 전령을 내려 달라고 요청하였다. 분원이 오래도록 가지고 있었던 수세권의 명분과 당위성을 상세히 고하며 우천 수세를 복원해 달라고 간청하였다. 이에 사건 발생 한 달 뒤인 2월 25일, 공당은 "우천 수세는 법전에 의거해 세를 봉상하라"라는 전령을 내려 주었다.

그러자 뱃사람들이 다시 강력하게 반발하였다. 3월 4일, 선도중 사람 수백 명은 분원으로 쳐들어가 공방을 에워싸고 시위하였으며 세소를 파괴하려 하였다고 한다. 이에 대해 분원에서도 사람들을 불러 모아 방어하고, 선도중 두목 1명을 심문하였다. 이때 선도중 두목은 지난해 연말에 있었던 '각처 포구 수세 혁파' 전령을 명분으로 내밀었다고 한다. 대화는 잘 풀리지 않았고 결국 분원에서는 선도중 두목을 묶어 둔 채, 수백 명의 분원 사람들을 보내 뱃사람들을 잡게 하였다. 뱃사람들은 겁을 먹고 도망쳤으나 10여 명을 붙잡아 그중 3명을 가두어 놓기에 이르렀다. 그리고 8개 마을을 각자 엄중히 단속하고 밤을 새워 순찰하도록 하였다. 지규식은 서울에서 공당댁에 소식을 전하였고 분원에 가두어 둔 선도중 두목을 광주로 압송하게 되었다.

뱃사람들도 가만있지는 않았다. 3월 7일 뱃사람 수백 명이 소장을 올리기 위해 서울 안국동에 있는 춘천 유수의 집 앞으로 찾아갔다. 그러나 춘천 유수는 공당의 기세에 밀렸던 것으로 보인다. 춘천 유수는 뱃사람들에게 해산하라고 명하면서 "절대로 소란을 피우지 말라"라고 하였다. 춘천 감영에서 분원에 붙잡아 둔 뱃사람들을 석방하라는 명령을 내렸을 때도, 분원에서는 곧장 말을 듣지 않고 지규식을 통해 공당에게 알렸다. 이때에도 공당은 춘천 유수와 직접 이야기하여 분원의 수세권 유지와 뱃사람들의 소란에 대한 엄한 단속을 다짐받았다. 이것으로 우천 장시를 둘러싼 큰 소요는 일단락되는 듯했다.

그러나 우천 장시의 일은 그해 8월까지도 완전히 해결되지 못하고 있었다. 수북 지역 각 동의 백성들은 "분원의 공인과 장졸들이 상의한 뒤에 장시는 도로 우천에 설치하고, 세전稅錢은 전례대로 변방 장인들에게 마련해 주기로 하였다"라는 내용의 소장을 올렸다. 공당은 이 내용이 정말 사실인지 지규식에게 물었다. 지규식은 소장 작성에 참여한 공인과 장인들의 명단을 보고는, 이것이 감히 아래에서 상의할 수 있는 일이 아니라며 수북 백성들이 거짓으로 소장을 올린 것이라고 판단하였다.

그러나 장시 문제는 결국 수북 백성들의 소장대로 해결을 보게 된다. 1892년 2월 11일, 지규식은 우천 장시로 인한 불화를 더 이상 두고 볼 수 없다고 판단하고 한 가지 계책을 내었다. 장시를 우천으로 도로 보내서 저들의 소원을 들어주되, 각종 세전 징수는 예전대로 장졸방, 즉 변방에서 주관하도록 하자는 것이었다. 지규식은 이러한 내용으로 문서를 작성하여 후일의 증거로 삼으면 양쪽 모두 편해질 것이라고 하였다. 이러한 해결책은 3월 24일, 공당에게도 허락을 받아 증빙 문서를 갖추게 되었다. 3월 29일의 일기에는 실제로 우천으로 장시를 도로 내보낸 후 우천에서 세전을 받아 온 내용이 적혀 있다.

이처럼 우천은 '수세'라는 명분 아래 분원의 실질적인 영향력 아래 놓여 있던 지역이었다. 그래서 이 지역 사람들과는 크게 갈등이 벌어지기도 했지만, 우천에 대한 분원 측의 권리는 중앙권력의 비호도 받으면서 상당히 오랫동안 유지되었다. 이러한 가운데 분원 일을 맡아보던 지규식도 우천에 빈번히 드나들었던 것이다.

귀천의 양반들

지규식이 또 가깝게 빈번히 오갔던 곳으로 귀천歸川도 눈에 띈다. 귀천이라는 지명은 오늘날에는 남아 있지 않기 때문에 어디인지 추적을 해 보아야 하는데, 지규식의 이동 동선을 볼 때 오늘날의 경기도 광주시 남종면 귀여리 지역이었을 것으로 추정된다. 이곳은 분원마을의 동북쪽에 바로 인접해 있는 곳이었다. 『하재일기』, 1892년 윤6월 1일의 일기에 따르면, 지규식의 어머니가 이웃의 여러 할머니와 '귀천 명성암明性庵'에 가셨다고 한다. 명성암은 오늘날의 귀여리에서 그 위치가 확인되므로 귀천이 귀여리 쪽 마을이었을 것이란 추정에 힘을 싣는다.

귀천은 분원마을과 가깝고 또 강을 건너지 않고도 갈 수 있는 이웃 마을이었다. 『하재일기』에는 우천 다음으로 귀천이라는 지명이 가장 많이 언급되고 있다. 앞의 【그림 7】에서 정리한 바와 같이 귀천에는 '김 판서'부터 '김 좌랑'까지 지규식이 관계를 돈독히 유지했던 양반들이 살고 있었다.

지규식이 새해 인사를 돌 때 갔던 곳 중에도 귀천이 있었다. 1891년 1월 2일에는 석촌 박 참봉에게 인사 다녀온 후, 친구 이천유와 이일선 부자와 함께 귀천에 가서 '김 참봉'을 뵈었다고 한다. 이때 술과 과일을 푸짐하게 차려 줘 대추 두어 개를 먹고 석양에 내려왔다고 한다. 1891년 2월 11일 일기에 따르면, '김 참봉'은 병조좌랑에 제수되었다고 하며, 이후 '김 좌랑'으로 불리게 된다. 같은 해 연말 12월 27일에 지규식은 여러 인근 양반에게 선물을 보내면서, 귀천 김 좌랑 댁에는 건시(곶감) 1접, 담배 1근을 보냈다. 1892년 1월 2일에도 지규식은 아침에 김익준과 함께 귀천으로 가서 김 좌랑 댁에 인사를 드리고 우천으로 나갔다. 그해 연말에도 귀천 김 좌랑 댁에 돼지 다리 1짝과 북어 1두름을 선물로 보냈다.

'김 참봉', 또는 '김 좌랑'으로 불리는 이 인물은 분원의 업무와 긴밀한 관계를 맺고 있었던 것으로 보인다. 1891년 2월, 지규식이 서울 간동의 김 판서 대감에게 도자기 굽는 가마집의 기둥나무에 대한 문제 해결을 요청하자 김 판서는 며칠 후 상경할 김 참봉을 기다렸다가 물어보겠다고 하였다. 사흘 후 귀천의 김 참봉이 상경하자 허락을 받아 낼 수 있었다. 이후에도 귀천의 김 참봉, 또는 김 좌랑은 서울 간동 김 판서 대감 댁에서도 종종 마주치게 된다.

1891년 2월 11일, 지규식은 김 참봉으로부터 우천 소임(所任)의 일을 부탁받았다. 이로써 김 참봉(좌랑)이 우천 수세소와 관련된 일정한 권한을 가지고 있었던 것을 알 수 있다. 지규식이 우천 수세소로 가는 길에 귀천 김 참봉에게 들르는 일도 종종 있었다. 1891년 4월에는 김 좌랑을 만나러 귀천으로 가다가 그가 우천에서 고기잡이(川獵)를 하고 있다는 소식을 듣고 우천으로 갔으나 만나지 못한 적도 있었다. 분원 업무 때문이었던지 보통 분원의 중책을 맡고 있었던 김익준과 동행하는 경우가 많았다.

그래서 앞서 우천의 분쟁에서 살펴보았던 뱃사람들의 분원 수세 거부 사건에서도 귀천 김 좌랑의 역할이 엿보인다. 1892년 7월 무렵 분원은 선도중 두목 유성안의 뗏목을 억류하고 있었는데, 평구(平丘)(오늘날의 남양주 삼패동) 김 승지가 그를 풀어주라고 하자 지규식은 귀천 김 좌랑에게 가서 사유를 설명했다. 며칠 후 김 승지와 김 좌랑이 편지를 주고받은 결과, 유성안의 뗏목 사공과 곁꾼을 석방하라는 분부가 내려졌고, 결국 지규식은 뗏목의 수량을 장부에 달아 놓은 뒤 그들을 석방하였다.

귀천의 김 좌랑이 분원의 우천 수세에 깊이 관여하고 있었다는 것은 다음의 사례에서도 확인된다. 1892년 1월 24일에는 분원 변방 두목 장성화와 동임 장연수가 귀천 김 좌랑 댁에 불려가 태형을 받고 하인들에게 난타를 당한 일이 있었다. 그 이전에 우천 장시 싸전(米廛)에서 작은 되를 몰래 사용하는 자가 있어 분원의 변방 도중에서 이를 조사하고 잡다 태벌을 시행한 적이 있었다고 한다. 이 일로 귀천 김 좌랑 댁에서 분원의 공인과 변방 두목, 동임을 모두 불러다 혼쭐을 낸 것이었다.

비단 김 좌랑만이 우천 문제에 얽혀 있었던 것은 아니었다. 귀천의 '김 교리'가 우천 장세(場稅)에 대한 권한을 매득한 이후에, 분원 변방 소관의 장세 징수에 간섭이 있었던 모양이다. 쌀로 값을 받을 때 되질이나 말질을 해 주던 승장(升匠), 흥정을 붙여 주고서 받는 구문(口文)이나 거간(居間) 비용에도 침탈을 했던 듯하다. 또 양근군 관아의 아전들도 분원 변방에 '뚜렷한 명목이 없는 돈'을 매년 50냥씩 바치도록 독촉한다고 하였다. 지규식은 1891년 6월 21일에 이 일에 대해 공당에게 설명하였으나 별다른 답을 듣지는 못하였다.

분원 변방의 장인들은 이러한 귀천의 침탈에 반발하여 1892년 2월 11일, 변방 도중을 파하고 각각 해산하기로 의견을 모아 공방의 공인들에게도 통문을 보냈다. 상황이 여기에 이르자 지규

식은 장시를 우천으로 도로 옮겨 놓는 대신 변방의 장세 징수권
도 종전대로 확보하고자 하는 계책을 냈다.

그러나 문제는 없어지지 않았다. 1892년 6월 21일에도 귀천
김경춘이 장시에서 거두어들인 세를 분원 변방의 몫으로 일괄
지급하기로 하고 증서까지 작성하였으나 갑자기 약속을 어기
고 주지 않은 일이 있었다. 이에 분원 장인들이 분함을 참지 못
하고 억울함을 호소하기 위해 서울로 향했다고 한다. 다음 해
인 1893년 7월에도 귀천의 김모 씨가 우천장에서 변방에 바쳐
야 하는 세전 210냥을 책임지고 납부하겠다는 증서를 써 놓고
도 약속을 지키지 않아 변방 장인들이 다시 소장을 올리기 위해
서울로 향하였다.

그럼에도 지규식은 귀천의 김 좌랑과 이후에도 관계를 이어
나갔다. 분원의 공인으로서 지규식의 입장이 분원 장인들의 입
장과 달랐던 면도 있었을 것이고, 분원 공인으로서의 업무를 수
행해 나갈 때도 김 좌랑과의 관계는 돈독히 유지될 필요가 있었
을 것이다. 1892년 8월, 귀천 김 좌랑은 지규식에게 돈 200냥을
빌려 쓰겠다고 편지를 보냈고, 지규식은 당시 수중에 있는 것이
없어 겨우 100냥만 빌려서 보냈다고 한다. 1893년 12월, 김 좌
랑 댁 자제의 관례冠禮 때는 지규식이 복인服人으로서 상투를 짜
고 모든 의식 절차를 지켜보았다고 한다.

1892년 10월에는 무슨 일인지는 모르겠으나 분원 동료 이종 필이 귀천에서 노여움을 산 적이 있었다. 이때 이종필은 지규식 에게 귀천에 가서 김 좌랑을 뵙고 노여움을 풀게 해 달라고 부탁을 하였고, 지규식은 눈이 오는 날씨에도 귀천까지 가서 간곡히 청을 넣게 된다. 이를 계기로 이종필은 며칠 후 결국 귀천에서 용서받고 왔다고 한다. 이 사례를 볼 때, 분원의 공인으로서 활동할 때 귀천 김 좌랑과의 관계는 매우 중요했던 것을 재확인할 수 있다.

한편, 지규식은 귀천의 '김 판서'라는 인물과도 관계를 맺고 있었다. 일기에서 '김 판서 대감'은 '취당翠堂 대감'으로도 일컬어 지는데, 이를 통해 이 인물은 김만식金晚植(1834-1901)이었던 것으로 추정할 수 있다. 김만식은 1891년 무렵, 일정한 직무가 없는 판서급 원로 직책이었던 지중추부사知中樞府事를 맡고 있었으므로, 귀천에 머물면서 서울을 오갈 수 있었던 것으로 보인다. 지규식의 일기에서는 김만식이 1894년 6월, 평안감사에 임명되었다는 기록이 보이고, 이후 왕래가 뜸하다가 1897년부터 다시 귀천 김 판서 댁에 왕래하는 모습이 보인다.

1891년 6월, 김 판서 댁 자제가 진사시에 급제하여 축하 잔치(到門宴)를 베풀자 지규식은 선물을 마련해 보냈다. 1894년 5월 1일, 귀천에서 열린 김만식의 회갑 잔치에는 지규식이 미리부터 고기를 우천장에서 사서 보내고 잔치에도 직접 참여하는 장면이 나온다. 잔치에는 지규식뿐만 아니라 분원의 여러 어른도 참석하고 있는데, 이를 통해 분원 사람들 모두 귀천의 고위 양반들과의 친밀한 관계를 중시했다는 것을 짐작해 볼 수 있다.

지규식은 귀천 김 대감을 통해 서울 소식을 듣기도 하고 1894년 5월에는 청일전쟁의 폭풍전야 상황을 전해 듣기도 했다. 정세 변동과 관련하여 분원 일이 걱정될 때도 지규식은 김 대감을 찾아가 사정을 묻기도 했다. 김 대감은 분원의 고객이기도 했다. 1893년 5월 22일에는 귀천 김 판서 댁에서 도자기 그릇(器皿)을 사 갔다는 기록이 보인다.

그 밖에도 지규식은 귀천의 여러 인물과 교류한 기록을 남기고 있다. 특히 귀천에서는 활쏘기 모임인 사계(射契)에 들어서 그 사원(射員)들과 교류하며 활쏘기를 익히기도 했다. 계에는 곗돈도 운영되었는데 여기에는 분원의 공방도 일정 부분 관여가 되어 있었던 것으로 보인다. 1892년 5월 20일의 일기에 따르면, 귀천 계원이 장부(契冊)를 가져오자 공방에 모여서 그 월수(月收)와 잿돈(齋錢)에 대해 의논을 하였다. 이를 통해 분원 공인들도 상당수 이 귀천 사계의 일원으로 활동하였던 것을 짐작해 볼 수 있다. 분원 공인들과 귀천 사람들은 사계를 통해 정기적으로 음식을 나눠 먹고 활쏘기를 하며 친목을 도모했다. 또 사원들끼리는 곗돈을 서로 빌려주거나 명의를 옮기는 등의 방식으로 돈거래도 이루어졌다.

이처럼 분원과 귀천은 가까이 인접해 있었으며 지규식은 귀천의 관련자들과 긴밀한 관계를 맺고 있었다. 하지만 때로는 우천 수세를 둘러싼 문제로 분원과 귀천이 갈등을 빚기도 했다. 지규식은 이러한 문제의 해결을 위해서라도 귀천을 빈번히 오가게 되었다.

강 건너 석촌의 양반들

지규식이 귀천 못지않게 자주 교류했던 지역이 석촌石村이었다. 매년 새해 인사를 다니던 곳에 석촌도 중요하게 포함되어 있었다. 1891년 1월 2일, 지규식은 여러 친구와 함께 석촌에 가서 '박 참봉(운산)'과 '김 교관'을 차례로 찾아뵙고 술과 과일을 얻어먹고 나와 '박 참판 댁'까지 들른 후 귀천으로 넘어갔다. 이듬해인 1892년 1월 2일에도 지규식은 석촌으로 가서 '박 운산(참봉) 댁'과 '김 교관 댁'을 차례로 찾아 인사를 하였다. 그곳에는 이미 분원 동료(親知) 10여 명이 먼저 와 있었다고 한다. 즉 지규식뿐만 아니라 분원 사람들이 이 석촌과 인연을 맺고 있었던 것이다. 이후에도 지규식은 매년 새해가 되면 석촌 박 참봉과 김 교관을 찾아 세배하였다는 기록을 남겼다.

연말이 되면 선물도 보냈다. 1891년 12월 27일에는 석촌 김 교관 댁에 건시 1접과 담배 1근을, 박 운산 댁에는 돼지 다리 1짝을 보냈다고 한다. 1892년 12월 25일에는 석촌 박 운산 댁에 갈비 1짝을, 김 교관 댁에는 북어 2두름과 담배 2근을 보냈다.

석촌의 현재 지명을 정확히 확정하기는 어렵지만, 일기의 내용을 볼 때 분원이나 지규식의 집에서 시내(溪)를 한 번 건너야 하는 곳이었고 건너기만 하면 곧장 연결되는 가까운 곳이었다. 석촌에 갔다 넘어오는 시내는 보통 '남계(藍溪)'로 지칭되었다. 하지만 석촌과 남계가 같은 곳은 아니었다. 1894년 8월 5일, 지규식은 석촌 박 도정을 방문하였으나 그가 남계에 가고 없어서 다시 남계로 가서 만났고, 만난 후에는 도로 석촌으로 가서 넘어왔다고 한다. 1894년 9월에는 "석촌-남계-분원의 반가(班家) 사람들"이 모두 분원에 들이닥친 동학교도(東徒)를 피해 서울로 피신했다는 기록이 나오는데, 이를 통해 이들 지역이 같은 생활권이었던 것을 알 수 있다.

석촌, 석호(石湖), 남계, 경호(鏡湖), 우천 등은 다 물길로 연결이 되는 가까운 곳들이었다. 1892년 7월에는 남한산성의 친구들과 우천에 나가서 배를 타고 경호에 이르러 낚시질을 하고 회를 쳐서 술과 밥을 먹고 헤어지는 장면이 나온다. 이들이 헤어질 때는 석촌에 배를 대고 내려와서 서로 전송하고 지규식과 김익준은 물길을 따라 우천 세소로 돌아오게 된다. 이러한 이동 동선을 볼 때 우천과 석촌은 가까웠을 것으로 짐작이 된다. 두릉으로 가려다 강물이 얼어 가지 못하고 길을 돌려 석촌으로 간 경우도 보이는 것을 볼 때, 석촌은 분원마을의 서쪽으로 강을 건너면 나오는 곳으로 짐작이 된다.

석촌과 유사하게 석호와 석호정石湖亭이라는 지명도 종종 나오는데, 석호는 1914년 행정구역 개편 때 석림石林과 합쳐서 이석리二石里가 되었고 현재 남종면 내의 지명으로 남아 있다. 이석리는 【그림 8】에서 보이듯이 팔당호의 서쪽에 자리하고 있어, 앞서 짐작한 석촌의 위치와 엇비슷하다고 할 수 있다.

석촌이나 남계, 우천 일대는 지규식의 동료들이나 이 일대 양반들이 함께 고기잡이하던 곳으로도 종종 언급된다. 특히 석호는 쏘가리 등의 생선을 구매하는 곳으로 자주 언급되었다. 지규식은 종종 생선을 사야 할 일이 있을 때 석호로 사람을 보내 사 오도록 하였다.

박 참봉, 김 교관 등 지규식이 교류한 석촌 사람들이 분원과 업무적으로 어떻게 얽혀 있었는지는 확인이 어렵다. 석촌에서 지규식은 금석계金石契라는 계를 들고 있으면서 계원들끼리 함께 모임을 하거나 친분이 있는 선비들과 시를 짓는 등의 교류를 하는 게 보통이었다. 종종 돈거래에 관한 이야기도 나오지만, 이것이 분원과 관계가 있는 거래인지는 명확하지 않다. 다만, 석촌은 분원과 강 하나를 사이에 둔 이웃 마을이었고, 양반 유력자들과의 친분은 분원의 운영에 도움이 되었으며, 지규식을 비롯한 분원 사람들이 자주 교류하였던 곳이었음은 분명하다.

1891년 4월 15일, 지규식은 남계 이 판서 댁에서 돈 12,000냥을 거간꾼 김대유를 끼고 얻어 낼 수 있었고 그 중간 소개비로 400냥을 주었다고 한다. 이러한 사례를 볼 때 분원마을 인근의 부유한 양반들은 지규식, 또는 분원 사람들에게 중요한 자금줄이 되었을 것으로도 짐작된다.

귀천이나 석촌 이외에도 지규식은 【그림 7】에서 보는 바와 같이 두릉의 '정 승지', '정 판서', 남계의 '박 도정', 족동의 '조 오위장' 등 인근 지역의 양반들과 자주 교류하였다. 인물별로 용무의 차이는 있었지만, 그들과의 관계는 지규식 개인에만 국한되기보다는 대체로 분원 동료들과도 공유되었고, 분원 일과 관계된 용무와 개인적인 용무가 함께 얽혀 있었다.

광주유수부와 남한산성

광주 남한산성은 지규식에게는 처가가 있는 곳이었고, 또 자신의 부모를 비롯한 조상들의 묘소가 있었던 곳이었으므로 남다른 의미를 지니는 곳이었다. 지규식의 부인과 자식들도 친정, 또는 외가 방문을 위해, 또는 성묘를 위해 남한산성을 자주 오갔다.

하지만 그러한 개인적인 차원 이외에 분원의 업무상으로도 남한산성으로의 왕래가 필요했다. 남한산성은 군사적으로도 중요한 곳이었지만 광주 지역의 행정적 중심지이기도 했다. 따라서 남한산성은 도자기 그릇의 주요 납품처이기도 했다. 분원 담당자가 남한산성으로 가서 도자기 그릇을 납품하고 값을 받아 오는 모습이 일기에서도 종종 보인다.

특히 지규식은 남한산성의 영고營庫, 즉 군영 창고에 있는 박정인朴正寅이라는 인물을 '친구'로 부르며 돈독한 관계를 유지하고 있었다. 지규식은 박정인에게 도자기 그릇값에 대한 일 등 업무 관계로 편지를 주고받기도 했고, 직접 영고로 찾아가 만나기도 했다. 박정인의 집에서 숙식하는 때도 있었다. 박정인이 개인적으로 필요한 그릇을 보내주거나, 김장용 배추나 무를 사서 보내주거나, 개인적으로 만나 회포를 풀고 악공을 불러 밤이 깊도록 유흥을 즐기기도 했다. 이러한 개인적인 친분도 분원과 남한산성 영고 사이의 업무적 관계를 바탕으로 이루어졌다. 지규식은 박정인의 아버지인 '박 지사'에게도 도자기를 보내주고 업무상의 편지를 주고받는 등 관계를 맺고 있었다.

그 밖에도 남한산성에서는 강 오위장, 박창하, 박 이방吏房, 이서홍, 박정회, 김민재, 박성모 등 여러 명과 거래 관계를 맺고 있는 것이 확인된다. 1892년 7월 20일에는 남한산성에서 박정인과 선영집, 선영삼, 김민재, 이용필 등이 지규식을 찾아와 저녁을 함께 먹고 밤이 깊도록 즐겼다고 한다. 다음 날에는 분원의 김익준이 이들 '산성 친구들'에게 아침을 접대하였고, 점심은 지규식이 접대하였다고 한다.

1892년 1월 5일, 남한산성의 박창하는 지규식에게 1만 금의 빚을 얻어 주며 큰아들 영인(산구)이 자신과 함께 이자놀이를 할 수 있도록 해 달라고 요청하였고, 지규식은 주선해 보겠다고 약속하였다.

경기·강원도 여러 고을과의 관계

이천

지규식은 분원마을에 머물 때도 광주나 양근에서만 활동한 것이 아니라, 멀리는 이천이나 여주, 원주까지 왕래하였다. 이들 지역은 뗏목 수세, 도자기용 진흙의 마련 등으로 분원 운영 경비를 분담하는 지역들이었다. 1891년 5월 22일, 서울에서 업무를 보고 있던 지규식은 사옹원 집리에게서 네 읍에 보낼 백토白土에 관한 공문들, 원주 강원감영에 보낼 수을토水乙土에 관한 공문, 양근에 보낼 장인들의 급료에 대한 공문 등 7통의 공문을 만들어 받아 온다. 즉 분원 도자기 생산의 원료가 되는 흙과 장인들의 급료 등 각종 운영 경비는 인근 지역에서 조달하도록 공식화되어 있었고, 그 임무에 분원 공인이었던 지규식이 주도적으로 관여하고 있었던 것을 알 수 있다.

이 때문에 지규식은 업무적으로 이들 지역과 밀접한 관계를 맺을 수밖에 없었다. 한편 지규식은 이들 지역 사람과 사돈을 맺으면서 교류를 이어 나가기도 했다. 그중 이천利川은 둘째 형수의 친정이었고, 원주는 첫째 며느리의 친정이었다.

지규식은 이천에 갈 때 곤지암에 들러 숙식을 해결하거나 이천 읍내 이천유의 집을 찾아 거기서 묵었다. 이천유는 분원마을에도 거처를 두고 있으면서 이천에도 집이 있었던 것으로 보인다. 지규식은 이천유가 분원마을로 돌아오면 그 사실을 꼭 일기에 썼고, 이천유가 다시 이천으로 갈 때도 그편에 분원 업무와 관련된 공문을 보내며 기록을 남기기도 했다. 지규식이 박 참봉에게 빌린 돈 1천 냥을 급하게 갚아야 했을 때도, 그는 이천유에게 이천장(利川場)에서 마련하여 준비해 달라고 편지를 보냈다.

지규식이 서울에서 용무를 보고 있을 때 이천유도 서울로 올라와 만나는 일도 자주 보인다. 지규식은 분원에 머물고 이천유만 상경할 때는 이천유 편에 서울로 보내는 편지를 보내기도 했다. 분원에서부터 함께 출발하여 서울의 일정을 소화하기도 했고, 서울에서 이천유만 먼저 분원에 내려가는 때도 있었다. 지규식은 어디서든 이천유를 만나면 반가워했고, 개인적인 부탁도 주고받으며 항상 '친구'라는 표현을 썼다. 이천유는 분원 업무와 관련하여 지규식과 긴밀한 동료 관계를 맺고 있으면서 특히 이천 지역과 관련된 업무를 도맡아 처리해 주는 인물이었다.

지규식과 이천유는 이천에서 월수(月收)로 빚을 놓고 있었다. 1891년 1월 3일, 지규식은 이천유의 집에 가서 월수 장부를 수정하였다고 하였다. 1890년 10월, 지규식은 박 참봉에게 5천 냥을 2푼 5리의 선이자로 빌린 후 친구 이천유에게 주고 이천에서 빚을 놓게 하였다고 한다. 그런데 1년도 안 되어 이천유가 죽자 1891년 10월부터는 지규식이 그 5천 냥을 책임지게 되었고, 이천에 가서 월수 장부를 살피게 된다. 이때 지규식이 검토해 보니 빌려준 것의 반 정도는 떼이게 생겼다고 하였다.

지규식은 이천유의 병세에 대해 1891년 8월 말부터 걱정을 하며 약을 구하는 모습을 보이고 병세가 위급하다는 소식에 눈물을 흘리기도 하였으며, 결국 9월 20일에 세상을 떠나자 통곡하고 그의 부고를 이천에 전하고 장례를 치르는 과정에서도 주도적인 역할을 하였다. 다음 달인 10월 말에는 지규식이 직접 이천으로 가 김익삼의 가게에 가서 이천유에게 빚진 사람들을 불러다 그 거래 문서를 일일이 대조하고 대출금 상환 기한을 정하여 어음표를 받았다고 한다.

이천에서 받아야 할 돈 중에는 분원과 관련된 공금도 있었던 모양이다. 1891년 10월 17일, 21일, 24일, 그리고 12월 14일에는 '이천 수쇄의 일'에 대해서 반복하여 언급하였다. 서울 계동의 '심 주사'에게도 이 일에 대해 간청을 한 바 있었다. 그 수쇄의 대상이 분원의 그릇값이었는지, 분원 몫의 관청 곡식이었는지, 월수 대출금이었는지는 확인하기가 어렵다. 다만 분원은 업무상 이천과 긴밀한 관계를 맺고 있었으며, 지규식 역시 이천에 자주 왕래하였던 것은 분명하다.

이천유와 형제였을 것으로 짐작되는 이원유도 지규식이 '친구'로 부르며 동료로서 오랫동안 관계를 이어 나갔다. 이원유는 '이 오위장'으로도 불렸는데 그의 집은 분원 근처에 있었던 것으로 보인다. 이천유가 죽은 후에는 이원유를 통해 이천 업무를 처리하기도 하였고, 지규식의 동생 지연식도 이천에 가서 월수

놓은 돈을 받아 오거나, 어음 관련 일을 처리하고 오기도 했다. 이천 사는 이시재李時才라는 친구와도 편지를 주고받고 돈거래를 하는 사이였다.

여주

여주에서는 특히 도자기용 흙을 조달해 오는 내용이 자주 보인다. 1891년 1월, 서울에 올라간 지규식은 여주 백토에 대한 공문을 갖추어 보내는 일을 급히 서둘렀다. 이듬해인 1892년 1월에도 여주 수토水土에 대한 공문을 미리 꾸며서 서울로 향했다. 이 일에 관해서는 여주 도곡陶谷의 임경해林京海라는 인물이 자주 언급된다. 1893년 2월 16일, 임경해는 수토를 배 1척에 싣고 분원에 와서 팔고자 하였고 지규식은 그에게 다른 상인의 예에 따라 사들일 것이니 흙을 파서 보내라고 하였다. 그 약속에 따라 이후 임경해는 주기적으로 여주에서 수토를 배에 싣고 분원을 오갔고, 지규식은 그에게 수토값을 치러 주거나 얼마간의 그릇들을 계산하여 주었다. 그 밖에도 여주에서 '토상土商'들이 오갔던 기록이 확인된다.

여주는 강원도에서 강물로 뗏목이 운반되어 올 때 경유하는 고을이기도 했다. 그래서 뗏목에 대한 수세 문제와도 관련이 있는 지역이었다. 1891년 8월, 지규식이 받은 유춘식의 편지를 보면, 뗏목이 표류하다가 여주 소지포小只浦와 자포自浦에 압류되었으니 공문을 보내 찾아올 수 있도록 해 달라는 부탁이 실려 있었다. 1892년 윤6월에는 지규식이 땔감 문제로 두미斗尾와 덕소德沼로 넘어가 일을 보았는데, 옹기점 마을에서 여주 사람 우민화禹民化를 만나 뗏목에 관한 문제를 묻는 장면이 나온다. 같은 해 7월에도 여주의 함천경咸千景이라는 인물이 뗏목 세금 120냥 중 20냥을 먼저 내고 100냥을 외상을 하고 간 이야기도 나온다.

곡물도 여주에서 실어 왔다. 임경해가 수토를 배에 싣고 원주를 오가는 편에 종종 벼(租)와 쌀(米)도 함께 운반되었다. 여주의 이윤홍李允弘이라는 인물도 분원 쪽으로 벼와 쌀을 실어 보냈던 것이 확인된다. 1893년 10월과 11월에는 실려 온 곡식이 김익준의 집으로 들어갔다고 한다. 지규식도 벼나 쌀을 사기 위해 여주에 사람을 보내는 일이 종종 있었다. 1891년 12월에는 여주에서 벼를 사 오려고 650냥의 어음을 써서 김도련에게 주었고, 1893년 9월에는 김익준과 강동 낭자에게서 얻어 온 돈과 자기 집에 남아 있던 돈을 합하여 2,400냥을 정도경에게 주어 여주에서 쌀을 사 오도록 하였다. 이때 여주에서 사 오는 벼와 쌀이 개인적인 수요였는지 분원의 공적인 경비였는지는 확실하지 않다.

분원 사람들도 직접 여주에 내려가는 일이 종종 있었다. 1891년 4월의 일기에는 김익준이 여주에 갔다가 돌아온 기록이 보인다. 여주 사람들도 그릇을 사러 분원에 드나들었다. 1894년 8월에는 여주의 정 생원이 와서 그릇 1바리를 싸서 가져갔다. 그 밖에 여주 사람들이 개인적인 사유로 지규식과 왕래하기도 하였다. 1891년 2월, 여주에 사는 매류(梅榴) 이 생원이 찾아왔을 때, 지규식은 그에게 과거 시험 비용(科費錢) 3천 냥을 빌려주었다.

여주와 관련하여서도 갈등이 없지는 않았다. 1894년 3월에는 총제영(總制營)의 제거(提擧)였던 민응식(閔應植, 1844-?)이 고향인 여주에서 상경하는 길에 배를 우천 강가에 정박하고 병정과 하인을 보내서 우천 세소의 건물을 부수고 담당자 3명을 마구 때린 뒤 잡아간 일이 있었다. 이 소식을 들은 지규식은 동료들과 우천에 가서 어질러진 현장을 보고 즉시 서울 공당댁에 보고를 올리러 김익준을 상경시켰다.

원주

원주는 강원감영이 있었던 곳이었으므로, 강원도에서 오는 뗏목과 흙을 운영 경비로 삼았던 분원의 입장에서도 중요한 곳이었다. 그래서 지규식의 일기에서도 원주에 대한 언급이 종종 보인다. 지규식은 원주에 대해서도 도자기 생산용 흙과 땔감을 조달해 오는 공문을 서울에서 갖춰 보냈고, 원주에서 그 납부를 맡고 있던 관리와도 서울이나 분원에서 만나 일을 처리하였다. 1892년 4월에 원주에서 온 도토는 1,324석 이었다고 한다.

특히 원주의 '염東 영찰察', 또는 '염 오위장'이라 불리는 인물이 자주 등장한다. 염 오위장은 지규식의 첫째 아들 영인의 장인이기도 하였다.[34] 지규식은 이 인물과 빈번하게 편지를 주고받는다. 그 내용은 대체로 원주에서 상납해야 하는 백토나 수토, 땔감, 또는 그와 관련한 세금과 관련된 것이었다. 지규식과 염 오위장 사이에서 편지를 전달하는 인물 중에는 '조 서방書房'이 자주 언급되는데, 그는 강원감영에서 일을 보는 담당 색리色吏였기에 '조리曹吏'라고도 불렸고 이름은 조수학曹秀學으로 확인된다.

'김 감찰'이라고도 불리는 김화보金化甫와도 교류가 잦았는데, 그는 목재상(木商)에 대한 수세 문제에 관여하고 있었던 것으로 보인다. 1892년 6월 16일에는 원주 김화보 감찰이 뗏목을 실어 보내고서 편지와 담배를 보내왔다. 다음 달인 윤6월에도 김화보는 아들을 통해 뗏목을 보내고 편지를 보내왔다.

원주의 목재상이 직접 우천으로 오는 경우도 많았다. 1892년 6월에는 원주의 목재상 손재규가 우천으로 와서 염 오위장의 편지와 선물을 전했고, 다음 달인 윤6월에는 한강에서 원주의 유 생원, 안기서, 김유성 등이 실어 온 땔감에 대해 지규식이 세전을 계산하는 모습이 보인다.

1892년 8월에는 지규식이 직접 원주 수을토의 일로 강원감영까지 출장을 떠났다. 이때 지규식은 노자 35냥을 마련하여 가마를 타고 양근읍으로 가서 그곳의 함치순과 함치구를 만나 밤이 깊도록 이야기를 나누다가 잤다. 다음 날 아침밥을 먹고 길을 떠나 오후에 원주에 도착하여 감영의 영리(營吏)를 맡고 있었던 염 오위장을 만났다. 그곳에서 염 오위장(염령), 조수학(조서방)과 더불어 밤새 도자기용 흙을 추가로 바쳐야 하는 고을들의 사정에 대해서 논의하였으나 결론을 얻기는 어려웠다. 다음 날에도 영리들의 사무소에 갔다가 십년지기 친구라는 선달 장배오의 집에 가서 회포를 풀었다. 다다음 날에는 염 오위장의 집에서 업무상의 논의를 일단락 지을 수 있었다. 그다음 날에도 장부상의 문제를 바로잡고 땔감 세전을 추심하는 등 업무 처리를 한 다음 길을 떠나 이원점(梨院店) 40리에서 하룻밤 묵고, 다음 날 양근을 거쳐 분원으로 돌아왔다.

업무상 관계를 맺고 있었던 원주 사람들과 돈을 빌려주고 빌리는 사례들도 보인다. 1892년 6월에는 원주 '조 서방'에게 돈 30냥을 공방에서 빌려주었다고 하였다. 목재상 손재규도 편지를 보내 65냥을 빌려 달라고 부탁하여 빌려준 기록이 보인다. 원주는 거리가 꽤 멀었던 만큼 환표나 어음을 통한 돈거래가 많았다.

3

서울을 오가며
일을 보다

궁궐과 관청에 도자기를 납품하며

분원 공인의 서울 출장

　【표 3】은 1891년부터 1894년까지 지규식이 서울에 가서 체류했던 기간을 표시한 것이다. 서울이 아닌 지역을 다녀온 기간은 다른 색으로 표시해 두었다. 『하재일기』를 쓰기 시작한 해인 1891년에는 지규식이 분원에서 서울 관련 임무를 부여받았던지, 1년 중 반 이상을 서울에 머물렀다. 그 이듬해부터는 서울 체류 기간이 많이 줄어들기는 했지만, 그래도 서울 출장이 없지는 않았다.

지규식이 서울로 출장을 자주 갔던 이유는 분원에서 만들어진 도자기를 궁궐·관청에 납품하는 일 때문이었다. 직접 도자기를 싣고 서울로 가서 납품하는 일도 있었고, 서울에 머물면서 분원에서 올라오는 도자기와 동료를 맞이하여 일을 처리하기도 하였으며, 새로 납품해야 할 도자기 목록을 관청에서 받아다가 분원에 전달하기도 하였다. 지규식이 왕실과 관청에 납품하는 도자기들은 주로 분원에서 만든 것이 상당수였지만, 때로는 종로의 시전이나 도성 안팎의 다른 그릇 가게에서 구매하거나 빌려서 납품하는 때도 종종 있었다. 특히 비정례적으로 추가된 수량이면 급히 조달하느라 다른 곳에서 구매하여 납품하는 일도 많았다.

지규식은 1891년 1월 4일과 8일에 진상할 그릇 4짐씩 총 8짐을 분원에서 사용원 집리의 집으로 먼저 올려 보냈다. 지규식은 11일에 서울로 올라갔고, 14일에는 분원에서 진상할 그릇 2짐을 추가로 보내왔다. 이렇게 분원에서 진상할 그릇은 모두 운반하여 납품하였는데, 15일에 집리가 각종 관기官器와 주발이 부족하다며 추가적으로 납품하기를 요구하였다. 그러자 지규식은 분원에 주문을 넣는 대신, 18일에 조춘근의 집에서 사 둔 큰 주발 9입, 김진우의 가게에서 사 둔 작은 주발 11입, 기전器廛 도중에 맡겨 둔 것 중 원항元缸 7개를 집리집으로 납품하였다.

	1891년	1892년	1893년	1894년
1월				
	1. 10.-2. 15.	1. 26.-2. 3.		
		2. 4.-6.(남한산성)		
2월				
				2. 18.-19.(남한산성)
	3. 1.-5.(이천)	3. 1.-8.(홍천)		
	3. 6.-13.			
3월				3. 9.-12.
		3. 23.-26.		
				4. 3.-12.
4월			4. 13.-22.	
	4. 25.-5.5.			
5월				
	5. 14.-6. 24.			
6월				
		[윤]6. 20.-23.		
	6. 26.-7. 1.			
7월				
	7. 1.-15.(해주)			
	7. 15.-27.			

월			
		8. 6.-9.[우산(牛山)]	
	8. 6.-14.		8. 15.-16.(남한산성)
8월			
		8. 23.-30.(원주)	
	8. 23.-9. 19.		
9월			
			9. 17.-28.
	9. 26.-10. 4.(이천)	9. 27.-10. 11.	
			10. 12.-15.
10월			
	10. 5.-28.		
	11. 1.-15.		
11월			
	11. 24.-12. 5.		
12월			
		12. 17.-22.	

표 3 1891-1894년 지규식의 서울 체류 기간
※ 서울이 아닌 다른 지역으로 출장을 간 일정은 분홍색으로 표시하였음

한편, 분원과 관련하여 어떠한 분쟁이나 사건이 생긴 경우
에도 또한 그 사건을 해결하기 위해 본원인 사옹원과 관련 관료
들이 있는 도성으로 갈 수밖에 없었다. 앞서 언급하였던 분원과

우천 지역, 또는 뱃사람들과의 분쟁이나 여주, 또는 원주 지역에 대한 수세 과정에서 어떤 문제가 생겼을 때도 지규식은 직접 서울로 가서 사옹원 관료를 찾아뵙고 호소를 하거나 다른 동료를 상경시켜 해결을 보도록 하였다. 때로는 서울에서 사옹원 관료가 지규식을 불러서 상경하는 경우도 있었다.

1891년 12월 25일의 일기에 따르면, 분원의 공방 회의(房會)에서 김익준과 이충구李忠求를 '경소임'으로 정했다고 한다. '경소임'은 분원 공방에서 서울과 관련된 임무를 담당하는 임원이었던 것으로 짐작이 된다. 『하재일기』속에 '경소임'이 누구였는지 언급되는 부분은 여기뿐이라, 1891년 연말에 경소임이 새로 임명되기 이전까지 경소임이 누구였는지는 확인하기 어렵다. 다만, 1891년 한 해 동안 지규식의 서울 출장이 다른 해에 비해 훨씬 잦고 체류 기간이 길었으며, 유독 그해 연말에 경소임의 교체 소식을 일기에 적어 둔 것을 볼 때 지규식이 1891년 당시 경소임을 맡고 있었던 것이 아닌가 싶다.

1892년 새해에 경소임을 맡게 된 2명 중 김익준은 1891년부터도 지규식과 서울 출장을 함께하는 경우가 많았다. 김익준은 지규식이 1891년 5월 14일부터 7월 27일까지 서울에 체류하는 기간 대부분을 함께하였다. 김익준은 지규식보다는 보름 정도 늦은 6월 2일에 상경하여 지규식을 만나 서울 일정을 함께 소화하였고, 7월 1일부터 15일까지 황해도 해주에 다녀오는 일정도 함께했다. 김익준은 이전에도 2월 27일부터 4월 8일까지 단독으로 해주와 서울 출장을 연이어 다녀온 적이 있었다. 지규식이 8월 6일부터 14일까지 서울에 출장할 때도, 김익준은 같은 날 상경하여 함께 지내다가 11일에 먼저 분원으로 내려갔다. 지규식의 10월 출장과 11월 출장에도 상경일과 귀향일에 다소간 차이가 있었을 뿐 함께 서울에서 분원 업무를 보았다. 이러한 정황을 볼 때, 김익준은 1891년에도 지규식과 함께 경소임을 맡고 있다가 1892년까지 연임하게 되었을 가능성도 있어 보인다.

1892년에 지규식은 분원에 머무르면서 서울에 가 있는 김익준과 편지를 주고받는 경우가 많이 보인다. 또 지규식은 김익준이 상경하는 날과 서울에서 돌아온 날이면 꼭 그 사실을 일기에 적어 두었는데, 해당 기록을 추려 보면 1892년에는 김익준의 서울 체류 기간이 상당히 길었던 것을 알 수 있다.

다만, 김익준과 함께 경소임에 임명되었던 이충구는 지규식의 일기에서 별로 등장하지 않는다. 경소임에 임명되었다는 기록 이후 전혀 언급이 없다가 1893년 8월, 병세가 위중하여 지규식이 문병을 갔고 며칠 후 별세하여 조문했다는 기록만 보인다. 이것은 지규식이 이충구보다는 김익준과 훨씬 친분이 깊어 김익준에 대한 기록을 많이 하였기 때문일 수도 있겠고, 또는 이충구가 질병으로 경소임의 임무를 제대로 수행하지 못했기 때문일 수도 있겠다.

사옹원의 집리와 공당댁을 통해 공무를 처리하다

【그림 9】는 지규식이 서울에 머무는 동안 자주 방문하고 교류하였던 곳을 표시한 것이다. 그중에서도 지규식이 가장 빈번하게, 또는 가장 중요하게 방문했던 곳은 벽동 쪽에 있었던 사옹원의 집리네 집과 훈서 공당댁이었다.

공식적인 진상품의 납품은 집리를 통해 이루어졌다. 납품한 도자기에 대해서는 검수를 받아야 했다. 요구한 수량대로 납품되었는지, 도자기의 형식과 질이 합당한지 검사가 이루어졌다. 적합하지 않은 도자기는 퇴짜를 놓았고, 다시 납품하라고 요구하였다. 때로는 공연한 트집을 잡기도 했고, 공인을 잡아 가둬놓고 강압적으로 요구하는 경우도 있었다.[35]

궁궐 납품과 관련된 상궁들과도 관계를 잘 유지해야 했다. 1891년 6월 9일에는 궁궐의 정 상궁이 백색 항아리 20개를 퇴짜 놓으며, 큰 항아리로 바꾸어 들이라고 요구하였다. 지규식은 요구에 따라 20개 중 8개를 정 상궁에게 주고 나머지 12개를 큰 항아리로 바꾸어 주었다. 정 상궁은 지규식이 자신의 요구대로

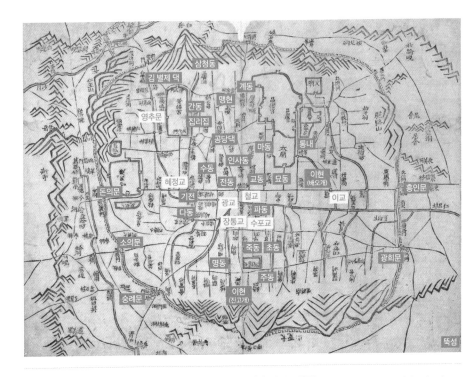

그림 9 지규식의 서울 체류 기간 중 주요 방문지, 《대동여지도》〈도성도〉, 서울대학교 규장각한국학연구원 소장

일을 처리하자, 꿀물 한 대접과 부채 23자루를 선물로 주었다.

지규식의 일기에서 횡포가 가장 심한 직임은 사옹원의 주부들이었던 것으로 보인다. 1891년 6월 7일에는 사옹원의 장무관掌務官 이직호가 납품이 늦었다는 이유로 지규식을 직방直房에 온종일 가두어 둔 적도 있었다. 다음 날에도 '장차 형조로 이송할 것'이라는 협박을 하며 다시 직방에 가두었다. 이때 사옹원의 하급 사령들은 지규식에게 술을 권하며 위로하였고, 집리도 와서 챙겨 보았다고 한다. 동료 공인들은 주부를 모시는 하인들에게 돈 5냥과 5첩 반상기 1벌을 주면서 지규식을 풀어 달라고 애걸하였으나 쉽사리 풀어 주지 않았다. 그다음 날에도 이 주부는 지규식을 다시 불러다 잔소리를 한없이 하고는 풀어 주면서 뚜껑 달린 탕기 1개를 마련해 달라고 부탁하였다. 고생 끝에 풀려나는 입장에서 이러한 요구를 거절하기는 어려웠을 것이다. 이때 담당 집리도 파면되었다가 다시 복직되었으니, 지규식은 집리의 눈치도 보아야 했을 것이다.

납품과 검수가 끝나면 도자기값을 받는 수가受價의 단계에 들어간다. 그러나 이 단계에서도 문제는 있었다. 궁궐과 관청에서는 정해진 수량대로 제때, 고품질로 도자기를 납품하라고 독촉했지만, 정작 그 대금은 제때 지불하지 않는 경우가 많았다. 이 때문에 지규식은 공당댁이나 담당 관리, 상궁 등을 수시로 찾아가 대금을 지불해 달라고 간청하고 애원하기도 했다.

이렇듯 납품-검수-수가의 과정마다 순탄하지 않은 문제들이 도사리고 있었기에 공인으로서도 기댈 곳이 필요했다. 자기 편을 들어 주고 보호해 줄 수 있는 고위 관료에게 자주 문안을 드리고 예의를 갖추며 때때로 선물도 챙겨야 했다. 납품-검수-수가의 과정에서 실무를 담당하며 자신에게 직접적으로 행패를 부릴 수 있는 실무직 관원들과도 가급적 좋은 관계를 만들어 두어야 했다. 과하고 부당한 요구를 하더라도 웬만해서는 맞춰 주려고 노력했고, 분통이 터지고 감정이 상해 일기에 심정을 토로하더라도 현실 앞에서는 비위를 맞추었다. 그 과정에서 사적으로 요구되었던 도자기들도 많았고 그렇게 납품되는 도자기 수량도 만만치 않았다.

지규식이 크고 중요한 일을 해결해야 할 때는 '공당公堂 댁'에 가서 하소연하고 부탁하였다. '공당'은 '공사당상公事堂上'의 줄임 말인데, 공사당상은 의정부 공사색公事色에 속한 당상관이었다. 1865년(고종 2)에 비변사를 의정부로 합쳐서 개편할 때, 비변사 조직의 구성과 그 기능은 공사색이라는 이름으로 의정부 아래에 그대로 두게 되었다. 그에 따라 비변사의 당상관들을 뜻하던 '비국당상備局堂上'도 '정부당상政府堂上'으로 이름이 바뀌게 되었다. 정부당상 중에서 공사색의 운영을 맡은 이를 공사당상이라고 하였다. 그중에는 공인과 시전에 관한 사무를 맡아보는 공시당상貢市堂上도 2명 포함되어 있었다.

지규식이 중요한 일이 있을 때마다 찾아가는 공당이 공인 관련 업무를 맡고 있던 공시당상이었는지는 확실치 않다. 오히려 사옹원 분원의 일에 대해 구체적인 권한을 가지고 있는 것으로 보아 사옹원의 제조提調를 겸했던 당상관이었을 가능성도 크다.[36] 사옹원에는 여느 관서에서처럼 실무직 이외에 자문직으로서 도제조提調 1명, 제조 4명, 부제조副提調 5명을 두고 있었다. 4명의 제조는 사옹원의 세부 업무별로 나누어 일을 보았는데, 지규식이 만나는 공당은 사옹원 분원의 사무를 주관했던 제조를 맡고 있었을 것으로 추정된다.

1890년대 초반 무렵 '공당'이라 불리는 인물은 당시 사옹원 제조를 맡고 있었던 민영달閔泳達(1859-?)이었을 것으로 추정된다.[37] 지규식은 공당댁의 위치를 '훈서勳西'라고 지칭하는 경우가 많았다. 1893년 5월의 일기에서는 '훈서 민 대감'을 언급하며 그가 곧 '사옹원 공당'이라고 하였으며, 광주 초월면 쌍령리에 있는 부원군 민 씨의 산소에 변이 생겨 공당이 직접 광주에 내려와 분원공소에 들렀던 일을 쓰고 있다. 1894년 9월의 일기에서는 "훈서에 이르러 민영달 대감을 뵙고 돌아왔다"라고 이름을 명시한 때도 있었다.

사옹원 제조는 분원공소의 운영 과정에서 핵심적인 권한을 행사하는 인물이었다. 앞서 살펴보았던 우천 장시를 둘러싼 분쟁에서도 지규식은 공당을 통해 문제를 해결하고 분원의 이익을 관철시켜 나가려 했다. 분원의 공인들과 장인들은 무슨 일이 있을 때마다 공당댁에 가서 사정을 호소하였고, 공당도 그들의 사정을 들어보고 최대한 분원을 보호하는 입장에서 조치해 주었다.

　지규식에게 공당댁 방문이 필수적이었던 것은, 분원의 운영과 관련된 각종 공문을 발급받아야 했기 때문이기도 했다. 공당은 왕실과 각 관청에서 요구하는 도자기 수량 목록을 보고받고, 분원 공인에게 조달을 명령하는 입장이었다. 즉 공당이 분원 관련 사무의 최종 결정권자였던 셈이다. 따라서 관련된 공문들은 공당의 승인을 받아야 했다. 지규식은 백토 공문에 관인官印을 받기 위해서 이틀 동안 공당댁에 가서 대기한 적도 있었다.

　그래서 지규식의 서울 일정 중에는 공당댁에 방문하는 일이 자주 보인다. 하지만 지체 높은 공당을 늘 쉽게 만날 수 있는 것은 아니었다. 공당에게 청할 것이 있으면 보통 먼저 집리를 통해 말을 전하였다. 그래서 집리가 제대로 말을 전해 주지 않을까 봐 찾아다니며 간곡히 신신당부하는 모습도 자주 보인다.

　공당댁의 수청방守廳房에도 자주 부탁을 넣었고, 그 하속下屬들에게는 의례적으로 사례비도 주었다. 1891년 2월 11일에는 아침에 공당댁을 방문하여 공당이 잠에서 깰 때까지 기다리는 동안, 공당댁 하인들로부터 작년 진상 때 충분히 내지 않은 예전例錢을 독촉받았다. 나흘 뒤에도 공당댁 수청방에 가서 부탁한 일을 상의하였더니, 돈 170냥과 반상기를 마련해 바치라고 트집을 잡았다고 한다. 이에 대해 지규식은 탈이 날까 걱정하며 요구를 받아들이고 간곡히 청하는 모습도 보였다. 2월 27일에는 결국 일이 잘 해결될 수 있도록 수고해 준 대가로 수청방 조준덕이라는 사람에게 100냥을 바쳤다고 한다. 이후에도 지규식은 공당댁에 전할 말이 있을 때 조준덕을 통하는 일이 많았다.

공당이 먼저 지규식을 비롯한 분원 공인이나 장인들을 불러들일 때도 마찬가지였다. 1891년 1월 21일 일기에 따르면, 공당이 우천 장시의 일로 공인과 장졸을 대기시키라는 명을 내렸으므로 아침 식사 후 바로 공당댁으로 갔으나 공당이 입궐하여 돌아오지 않았다. 그래서 하루 종일 기다리기만 하다가 돌아왔다고 한다. 그다음 날에도 공당이 홍 대비의 회갑을 하례하기 위해 입궐하는 바람에 헛걸음하였다. 이 밖에도 공당댁에 가서 기다리다가 못 만나고 돌아온 사례가 빈번히 보인다.

공당댁에 사적으로 바치는 도자기나 선물도 상당히 많은 양이었다. 1891년 1월 23일에는 다음 날이 공당의 생일이므로 '양지머리 1부部, 국수 1기器'를 올렸다고 했다. 그다음 날에도 공당댁에서 쓸 모리사발 3죽, 대접 3죽, 보시기 5죽, 접시 5죽, 종지 3죽을 최유현의 가게에서 구입하여 바치는 모습이 보인다. 1891년 4월 18일에도 공당댁에서 쓸 큰 대접, 약기구 등을 집리집으로 나르게 하였다.

공당댁 말고도 지규식에게 도자기 상납을 요구하는 사람들이 많았다. 마동 김 지사, 김 별제, 쌍호 오위장, 현수안, 허 대감, 명동 김 참판, 간동 김 판서, 대전 호위군사, 사옹원 도제조, 근장방近仗房 등등 말단 서리들부터 고위 관료들까지 지규식에게 도자기 상납을 요구하고 있었다.

도자기 말고 다른 선물을 바치는 경우들도 있었다. 1891년 5월 3일, 지규식은 김 지사와 하 상궁에게 빚진 약값을 갚으면서 51냥으로 도미 1속束을 사서 보냈다. 다음 달 6월 4일에도 지규식은 김 지사와 하 상궁에게 각각 닭 10마리씩 사서 보내느라 47냥을 지출했다. 7월 23일의 일기를 보면, 하 상궁과 대전 호위군사에게는 '정례적으로 보내는 그릇 단자'가 있었던 것도 확인할 수 있다.

서울 도자기 상인들과의 관계

종로 사기전 상인들과 친한 동료로 지내다

지규식은 서울 생활의 주요 거점들을 두고 있었다. 그중 가장 대표적인 곳이 종로의 기전器廛, 즉 사기전이었다. 기전은 도자기를 취급하였던 시전이었다. 시전은 국초부터 관수물자를 책임지고 조달하는 의무를 지고 있었으므로, 그런 면에서 공인과 업무적 유사성을 가지고 있었다. 특히 도자기라는 같은 물종을 상납하는 시전과 공인은 상호 간에 밀접한 관계를 맺을 수밖에 없었다.

같은 물종을 취급한 시전과 공인일 경우, 때로는 경쟁 관계에 놓이면서 상호 간 갈등과 분쟁을 겪는 사례들도 있었다. 예를 들어, 고급 직물을 취급하던 면주전과 저포전苧布廛은 제용감濟用監 공인과 갈등을 겪었다. 본래 면주전과 저포전, 두 시전은 각기 관청에서 필요한 명주와 저포를 조달해 주고 값을 받고 있었고, 그러한 책무에 대한 대가로 해당 물종에 대한 취급 권한을 가지고 있었다. 그런데 왕실·관청용 직물을 관장하던 제용감에서 별도의 공인을 지정하고 그들에게 일부 직물의 조달을 맡기면서 문제가 발생하였다. 면주전과 저포전은 자신들의 이권이 공인에게 넘어가서 손해를 보게 된다고 하였고, 제용감이 공용 물자 조달을 빌미로 직물을 사사로이 함부로 매매하여 시장을 어지럽힌다고 주장하였다. 반면, 제용감 공인은 시전들이 물력을 바탕으로 고품질의 명주와 저포를 선점하고 있어 자신들이 물자를 조달하기 어렵다고 호소하였다.[38]

이러한 사례와 달리, 분원 공인 지규식의 경우에는 시전인 사기전과 긴장 관계에 놓여 있기보다는 오히려 스스럼없이 교류하는 동료 관계였던 것으로 보인다. 19세기 말 분원에 뒤늦게 공인이 지정되기 이전부터 분원은 종로 기전이 거래하는 도자기의 주요 공급처였을 것으로 보인다. 다른 물종에서는 기존의 시전이 새로 생기는 공인에 비해 기득권, 또는 우위권을 지니는 경우가 흔했지만, 분원 공인과 기전의 관계는 오히려 반대였지 싶다. 사옹원 분원으로서의 입지가 시전보다는 높았을 것이기 때문이다. 분원에 뒤늦게 공인이 지정되었어도, 그 권한이 명확히 정착되어 있었기에 양쪽은 별다른 갈등을 겪지 않았던 것으로 보인다.

지규식은 종로 기전에 수시로 왕래하였다. 서울 생활에서 기전은 마치 분원마을 생활에서의 공방처럼 지규식이 외출하면 으레 들르는 곳이었다. 특히 공당댁이나 집리집에 갈 때, 마치 대기 장소처럼 기전을 이용하였다. 만나기로 한 사람을 만나지 못하고 허탕을 치고 올 때도 기전에 들러 쉬었다. 별다른 목적 없이 기전에 들러 그저 담배만 한 대 피우고 나오는 경우도 많았다. 또 기전에서 누군가를 만나 다른 곳으로 이동하는 일도 많았다. 분원에서 심부름꾼이 오고 갈 때도 기전에서 접선하는 경우가 많았다. 즉 지규식에게 기전은 대기 장소이자 만남의 장소 같은 곳이었다.

기전도 분원 공인을 환대했다. 1892년 10월 5일, 지규식은 기전에 들렀다가 비가 많이 와서 움직이지 못하게 되었다. 해가 저물 때 보니 기전에 머물고 있는 분원 사람이 모두 12명이었다고 한다. 기전 도중에서는 술과 밥을 장만하여 와서 이 분원 사람들을 정성껏 대접해 주었다. 이후 지규식과 익준은 장동으로 돌아왔지만 남은 사람들은 모두 기전 도가에서 머물러 잤다고 한다. 이날의 사례를 볼 때, 기전과 분원 공인은 *끈끈한* 동료애를 보이는 관계였다고 할 수 있다.

지규식은 종로 시전거리에 있는 기전을 지칭할 때 보통 '종루 기전'이라고 하였다. 이를 통해 기전이 종루(오늘날의 보신각) 근처에 있었을 것이라 짐작할 수 있다. 한양의 시전거리는 동서로 뻗은 종로와 남대문으로 향하는 길에 'T'자형으로 조성되었는데, 종루는 그 중심 접점에 세워져 있었다. 이곳은 시전거리 중에서도 중심부에 해당되었고, 6대 시전이었던 육의전도 모두 이곳을 중심으로 포진되어 있었다. 사람과 물자가 구름같이 모여드는 곳이라 하여 '운종가雲從街'라고도 불리는 곳이었다. 따라서 지규식도 서울 업무를 볼 때 이 일대를 중심으로 사람들을 만나고 다른 곳으로 이동하기가 편했을 것이다.

기전의 정확한 위치는 19세기 도성 지도인 《수선총도》와 《조선경성도》에서 찾아볼 수 있다. 사기전은 시전거리가 시작되는 초입, 즉 육조거리와 종루 사이의 길 남쪽에 있었다. 당시

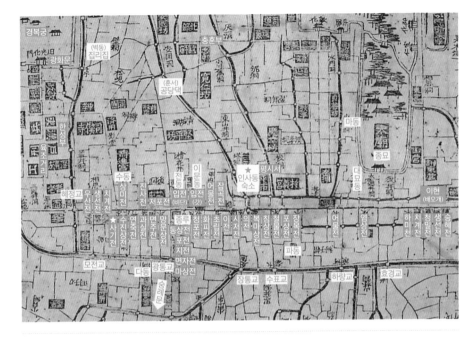

19세기 종로 시전거리의 배치도,《수선총도》, 서울역사박물관 소장

　행정구역상으로는 한성부 중부 서린방에 속해 있었으며 사기전 인근은 '사기전동砂器廛洞'이라고 불렀다. 사기전은 백사기전白砂器廛으로도 불리며, 주로 고급 백자들을 취급하였던 것으로 보인다.

　사기전 말고도 그릇을 취급하는 다른 시전도 있었는데, 바로 세기전貰器廛이다. 세기전은 그 이름에서 드러나듯이, 새 그릇을 매매하는 시전이 아니라 그릇을 빌려주는 시전이었다. 세

124

기전에서 스스로 발언한 바에 따르면, 그들은 목반木盤과 사기沙器를 대여한다고 하였다.[39] 세기전은 내세기전과 외세기전으로 나뉘어 있었다.[40] 특별한 때에 필요한 고가의 그릇을 구매하는 것은 일반 서민들에게 큰 부담이 되었을 테니, 특별한 용도에 맞게 빌려 쓰는 경우가 많았던 것이다.

세기전의 영업은 궁궐의 숙수熟手들에 의해 방해를 받았다고 한다. 숙수들이 봉상시의 지원을 등에 업고 목반과 사기를 대여해 주는 영업을 시작하면서 세기전의 영업을 막고 이익을 독점하려 하였다는 것이다. 세기전은 그 억울함을 호소했고, 조정에서는 1758년(영조 34)에 두 곳의 숙수들과 세기전이 그 영업 이익을 삼등분하도록 조치한 적이 있었다.[41] 이후에도 세기전은 끊임없이 '난전亂廛'을 금지해 달라고 호소한 것으로 보아,[42] 그릇 대여업에 뛰어드는 사람들이 꽤 되었던 모양이다. 이러한 세기전이나 숙수들의 영업 활동은 궁궐·관청용 도자기를 전문적으로 조달했던 분원 공인과는 크게 부딪힐 일이 없었다.

하지만 궁궐·관청에서 쓰이는 도자기를 납품하는 사기전은 분원 공인과 업무적으로 일치하는 시전이었다. 1840년(헌종 6) 공시인순막에 참여했던 사기선은 1837년(헌종 3)의 가례 때 상납한 발이 있는 그릇(有足器)은 값을 받았으나 발이 없는 그릇(無足器)은 값을 받지 못했다고 호소하였다.[43] 사옹원 분원이 정례적으로 진상하는 물목에 가례 때 쓰이는 도자기가 기본으로 포함되고 있었으니, 기본적인 물량은 사용원 분원에서 감당하고 추가적인 물량을 사기전이 맡았을 것으로 보인다.

이렇듯 분원 공인과 사기전은 공통의 임무를 함께하는 입장이었으므로 상호 간에 협조 관계를 맺었던 것으로 보인다. 특히 관영 분원이 공소로 민영화되고 분원 도자기의 민간 판매가 허용되면서, 사기전은 분원 도자기의 주요 고객이 되었을 것이다. 사기전도 최고품질의 분원 도자기를 확보하여 매매해야 하는 입장이었다.

실제로 지규식의 일기에는 분원의 그릇이 사기전으로 운반되는 모습, 사기전 상인이 도자기를 구매하기 위해 분원에 내려오는 모습이 자주 보인다. 1891년 1월 23일 일기에 보면, 분원에서 도자기를 가지고 온 짐꾼이 사기전에 도착하여 지규식에게 도중의 편지를 전하는 장면이 나온다. 한편, 신석주申石主, 조춘근趙春根, 김정호金貞浩, 민상순閔尙淳, 표문관表文官, 김응환金應煥 등은 지규식이 종로 기전에서 만나 자주 거래하는 대상으로 나온다. 이들이 분원에 도자기를 구매하러 갈 때 지규식은 중간에서 외상거래를 주선하기도 했다. 1891년 1월 17일, 김정호가 분원에 내려가면서 1,200냥은 바로 지불할 수 있으나 1,800냥은 그달 그믐날까지 마련해 주겠다고 하자, 지규식은 그 말에 따라 분원 도중으로 보내는 편지를 써 주었다. 1891년 9월 12일에도 신석주와 김정호가 도자기를 운반해 오기 위해 분원으로 내려간다고 하자 지규식은 편지를 써 주었다.

분원공소가 폐지되고 번자회사로 개편을 한 다음에도 서울 사기전과의 거래 관계는 긴밀히 유지되었다. 1901년(광무 5) 2월 2일 일기에 따르면, 분원 가마에서 그릇을 꺼내자마자 서울 기전으로 보낼 14바리의 짐을 쌌다고 한다. 신석주 4바리, 김정호 4바리, 김응환 6바리를 모두 즉시 포구로 내갔다고 하였다. 열흘쯤 뒤에는 지규식이 상경하여 사기전에서 회계 처리하며, 신석주와 김응환에게 각각 806냥과 1천 냥의 선금을 받는 모습도 보인다.

이러한 분원과 사기전의 거래 관계에서 지규식은 종로 사기전에 소속된 개별 상인들과 끈끈한 관계를 맺고 있었다. 시전은 개별 상인들이 모인 조합이었으므로, 실제의 영업은 개별 구성원 단위로 이루어졌다. 다른 시전 사례이지만 자료가 많이 남아 있는 면주전의 사례를 보면, 종로에 총 5개의 방(房)을 두고 영업을 하고 있었고, 그 5개의 방 안에서도 세부적으로 집단이 나뉘어 있었다. 『하재일기』에서도 지규식은 사기전 소속 상인들과 개별적으로 거래를 하고 있었다. '표문관 가게(表文官市)', '신석주 가게(申石主市)' 등으로 지칭하며 개별 점포로 대하고 있었다.

지규식은 이들 사기전 상인을 '친구(友)'라고 표현하며 가깝게 지냈다. 1891년 10월 25일, 지규식은 신석주에게 차용한 어음 50냥 문제로 크게 염려스러워 기전 도가都家에 가서 김정호·표문관·최기홍崔基弘·김진우金辰友 등 여러 친구와 의논하였다. 그랬더니 이 친구들이 모두 "우리들이 힘을 합쳐 주선하여 모욕을 당하지 않게 하겠다"라고 말했다고 한다. 신석주가 술과 안주를 내와 함께 마셨는데, 신재순申在淳이 또 불러서 술을 함께 마시고 모두 취하여, 해가 저물어서 여관으로 돌아왔다고 하였다.

　　지규식은 사기전에서 만든 계에도 함께 참여하였다. 1891년 1월 11일, 지규식은 사기전 도중에서 3천 냥 계를 만든다는 소식을 전해 들었고, 계에 가입하라는 간곡한 권유도 받았다. 지규식은 결국 이 '기전계器廛契'에 가입하였는데, 본인 이름으로 두 몫을, 공방 이름으로 한 몫을 들었다. 지규식 이름의 두 몫은, 김정호와 민상순이 한 몫씩 나누어 부담하기로 약정하였다. 공방 이름의 한 몫은 김정호가 부담하기로 약정했다. 1893년 1월 24일 일기에서 민상순의 사기전 곗돈 13개월 치가 390냥이라고 한 것을 볼 때, 기전계는 매달 30냥의 몫을 냈던 것으로 보인다. 그렇게 3천 냥을 모아야 했으니, 100명의 몫이 가입되어 있었을 것이다.

기전계는 정해진 날에 제비뽑기(出筒)를 하여 한 사람에게 3천 냥을 지급해 주는 일종의 산통계算筒契였다. 기전계에 가입한 다음 날인 12일에는 최광익崔光翼이라는 사람이 뽑혀 3천 냥 곗돈을 탔다고 나온다. 그런데 13일에는 조춘근이 최광익의 곗돈 중 1,500냥을 사들이기로 약정하고 지규식에게 보증을 서 달라고 하였다. 그렇게 해 주면 공방 돈을 갚겠다는 조건이었고 지규식은 할 수 없이 사기전 장부에 표를 붙이고 1,500냥을 추심할 수 있게 되었다. 이처럼 거액의 곗돈은 현금으로 지불되기보다는 장부나 수표에서 명의를 바꾸는 등의 방식으로 거래되었다.

기전계에서 제비뽑기하여 곗돈을 탈 때는 술값이나 담뱃값 명목의 돈을 따로 떼어 놓았던 것으로 보인다. 곗돈에 딸린 술값은 주정자酒醒子라고 하였다. 1891년 2월 12일, 지규식은 기전계의 주정자 3냥 6전을 다른 용처에 미리 당겨쓰기도 했다. 다음 달인 3월 12일 곗날에도 지광구라는 사람이 곗돈을 탈 때 주정자 3냥 6전과 담배 3매를 받아 냈다.

사기전과 분원 공인은 외읍 사점 그릇의 매매를 단속할 때도 힘을 합쳤다. 분원은 1891년 4월 10일, 서울 안팎의 그릇 가게들에 일괄적으로 외읍 그릇을 매매하지 말라고 통문을 보냈다. 종로 사기전 역시 마찬가지였다. 1891년 7-8월, 분원은 이러한 금령을 어기고 해주 지역의 사기장과 거래를 하고 있었던 함춘원(咸春元)이라는 인물을 잡아내려고 애쓰는 중이었다. 그가 그릇을 실어 나르는 배를 탐문하기 위해 토정에 사람을 보내기도 하였다. 하지만 체포가 쉽지 않았는데, 8월 10일, 사기전이 나서서 운현궁(雲峴宮)에 주선해서 함춘원과 내통한 토정 신경수(申京守)를 잡아들였다. 이로써 함춘원의 일은 일단락될 수 있었다.

이렇듯 돈독한 사기전과 분원 공인의 관계는 한 차례 위기를 겪을 뻔하였다. 1891년 9월 2일, 사기전의 김정호가 요강, 제사용 접시 등 일본 그릇을 많이 사들였다. 이 사실을 알게 된 지규식은 보통 일이 아니라는 판단하에 김정호에게 엄포를 놓았다. 그는 "기전에서는 이전부터 왜기(倭器)를 매매한 적이 없는데, 지금 갑자기 보이니, 만약 이것을 중지하지 않으면 분원의 그릇은 피차간 서로 상관이 없을 것이니, 전후 회계를 깨끗이 청산한 뒤에 다시 거래하지 않을 것이다"라고 하였다. 이런 식으로 외부 그릇을 매매한다면 앞으로 분원에서는 거래를 끊겠다는 엄포였다. 그러자 김정호가 잔뜩 겁을 내면서 지규식에게 애걸복걸하였다고 한다. 지규식은 그런 김정호의 소행에 대해 가슴 아프고 가소롭다고 표현하였다.

이렇게 사기전 상인 김정호가 일본 그릇을 사들인 일은 분원공소에도 보고되었고, 사기전에도 항의 차원의 통보가 있었던 것으로 보인다. 그래도 사건 발생 10일 만인 9월 12일에 김정호가 신석주와 함께 분원에 내려갔다는 걸 보면, 문제는 잘 해결된 모양이었다. 하지만 개인적인 앙금들은 남아 있었던지 그날 싸움이 벌어졌다. 지규식과 친하게 지내던 조춘근이 김정호와 술을 마신 뒤 말다툼을 하다가 멱살을 잡고 구타하는 지경까지 이르렀다고 한다. 곁에서 구경하던 사람들이 만류하여 중지시켰으나 조춘근은 끝까지 듣지 않고, 도중에 욕을 하고 자기 기물을 발로 차서 부수기까지 하였다. 그러자 신석주가 분노를 견디지 못하고 또 그와 말다툼하여 결국은 머리끄덩이를 잡기까지 하였다고 한다.

도자기 대금 지불과 관련해서도 가끔 문제가 발생했다. 1896년 3월 14일, 기전 민상순이 작년 그릇값으로 남은 돈을 금년 것이라고 우기고, 1천 냥마다 300냥씩 값을 줄여 방매하고서는 발뺌을 하고 억지소리를 하며 행패를 부린다고 하였다. 지규식은 이 일로 송사를 일으켜 재판소에서 변론하도록 분원 동료들에게 편지를 썼다.

폐지된 반사기계·당사기계 공인의 몫까지 떠맡다

분원공소와 종루 거리의 시전 이외에도 궁궐·관청용 도자기를 납품하던 별도의 공인들도 있었다. 18세기 중엽부터 확인되는 반사기계(盤砂器契) 공인과 당사기계(唐砂器契) 공인이 그 대표적인 예이다. 반사기계는 내자시에 소속된 공인계로, 왕실 혼례(嘉禮) 때마다 반(盤)과 사기를 납품하였다.[44] 1844년(헌종 10) 반사기계 공인은 1837년 가례 때 반 1천여 죽과 사기 1만여 죽을 납품하였는데 그 값은 10분의 1밖에 받지 못하였다고 호소한 바 있었다.[45]

한편, 당사기계는 중국 도자기를 무역해 오는 공인계였다. 당사기계도 관청용 도자기를 공급하는 역할을 하였다. 1793년 당사기계 공인은 자신들이 승정원에서 쓰이는 다기(茶器)를 납품하고 값을 제대로 받지 못하는 일에 대해 거론한 바 있었다.[46]

이들 공인계는 분원에 공인이 지정되기 이전부터 왕실·관청용 도자기의 일부를 맡아 공급하고 있었다. 하지만 이들이 맡은 부분은 분원의 조달 물량을 보조하는 정도였을 것이다. 그래서 1880년대 왕실 물자 관련 관청들이 사옹원을 중심으로 통폐합되고 분원에 공인이 공식 지정되면서, 왕실·관청용 도자기 조달은 분원 공인들에게 전적으로 맡겨지고 나머지 공인들은 폐지 수순을 밟았던 것으로 보인다.

1891년 무렵 지규식의 일기에서 반사기계와 당사기계 공인은 이미 폐지된 옛 공인으로서 등장한다. 1891년 10월, 예전에 반사기계 공인으로 활동한 적이 있었다고 하는 대전 별감 박영근<ruby>林采蕃<rt></rt></ruby>이 지규식을 찾아왔다. 그는 공인권을 상실한 이후에도 나라가 요구하는 그릇을 상납하였고, 1890년의 국장 때도 부득이 한 차례 더 진상했다고 하였다. 그 값이 638냥 4전인데 분원에서 그 절반을 마련해 달라고 요구했다. 이에 대해 지규식은 자신들과는 무관한 일이라고 하며 옥신각신하였으나 결국에는 내어 줄 수밖에 없는 형편이라고 판단하고 분원에서 해결해 주기로 하였다.

한편, 1891년 9월 9일 일기에는 병조<ruby>兵曹<rt></rt></ruby> 결속색<ruby>結束色<rt></rt></ruby>에서 예전에 당사기계가 상납하던 다기들과 요강을 종루 사기전에 바치라고 독촉하는 장면이 나온다. 폐지된 당사기계 공인들의 조달 물량을 시전에 떠넘기는 장면이었다. 이때 시전 상인이었던 조춘근은 일찍이 그런 전례는 없었다며 반발하였으나, 병조의 담당 관원도 물러서지는 않았던 모양이다. 이에 대해 지규식은 혹시라도 분원에도 불똥이 튈까 봐 자신도 알지 못한다고 말하고 얼른 숙소로 돌아왔다고 한다.

이러한 사례들을 볼 때, 분원공소는 왕실·관청용 도자기의 조달처로서 가장 핵심적인 역할을 하고 있었으므로, 일부분을 맡고 있었던 여타 공인들이 제 역할을 하지 못하게 되었을 경우 그 책임까지 떠안아야 하는 입장이었다고 볼 수 있다. 일단 자신들과 무관하다고 주장하며 말려들지 않기 위해 애는 썼으나,

왕실·관청 도자기 납품업자의 지위를 그대로 유지하기 위해서는 그들의 요구와 책임 전가를 마냥 피할 수만은 없었다.

남대문·동대문 상인들과의 관계

한편, 분원공소로 전환될 때 도자기의 민간 판매도 허용되었으므로, 지규식의 거래 대상은 왕실이나 관청, 종루 시전에만 국한되지 않았다. 지규식은 서울의 여러 도자기 상인과 분원의 거래를 주선하는 역할을 하고 있었다. 도자기 주문을 받았고, 도자기를 전달하고 값을 받아 분원공소에 전달하고 회계하는 모든 과정을 담당하였다.

지규식은 남대문 밖으로도 자주 나가 거래를 하였다. 남대문 밖에 나가 만난 사람들은 이성실李聖實, 오택민吳宅民(오 사과吳司果), 구영록具永錄, 권창인權昌仁 (권 선달) 등이었다. 권창인은 남대문 밖에서 도자기 가게(器廛, 權昌仁市)를 운영하고 있었다. 그는 직접 분원을 방문하여 10바리의 도자기를 싸서 상경하기도 했고, 지규식이 일부 선불금을 받고 분원에서 그 가게로 도자기를 실어 올려 보내는 경우도 있었다. 그는 분원공소에 도자기 대금을 치르는 문제로 지규식의 일기에 자주 등장한다. 구영록도 거액의 도자기값을 치른 것을 볼 때 분원과 도자기 거래를 하는

	분원공소가 미리 받은 돈	분원공소가 받아야 할 돈	분원공소가 갚아야 할 돈	비고
이성실			2,000냥 (1890. 1. 대출) + 600냥 (이자) − 1,550냥 (이미 갚은 돈) = 1,050냥	1891. 1. 22. 1892. 1. 27.
오택민 (오 사과)			5,000냥	1891. 1. 22. 2,000냥: 이성실에게 빌려서 줌, 3,000냥: 곧 기별할 것
				1891. 5. 18. 다음 달 초순에 변통할 것
			2,600냥 빌려주었다고 주장	1891. 10. 18. 죽은 이천유를 통해 빌려주었다고 주장, 지규식은 듣지 못했다고 주장
			1,218.5냥	1892. 1. 27. 1,000냥: 1월 환표 수정해서 보낼 것, 나머지: 며칠 안에 변통할 것, 권 선달에게 받을 160냥을 월말에 옮겨 주기로 약속
권창인 (권 선달)	3월 선불금 2,000냥	1,514냥 (그릇 10죽값) + 480냥 (지난번 잔액) + 5냥 (운반 때 빌린 돈)	0.25냥	1891. 7. 17.
	2,000냥	368.456냥 (1889년 잔액) + 1,514.74냥 (1891년 10바리값 잔액) + 5냥 (운반 때 빌린 돈) = 총 1,888.2냥	111.8냥	1891. 11. 29.
	어음 500냥	675.9냥 (그릇 5짐값)	175.9냥	1891. 12. 3. 권 선달이 같은 달 10일 자 어음 500냥을 선불하여 오택민에게 옮겨 줌 1891. 12. 12 분원에서 권창인 가게로 그릇 5짐 올려 보냄

표 4   1891년 남대문 밖 상인들과의 거래 관계

상인이었던 것으로 보인다.

오택민도 가게(吳澤民市)를 운영했던 것으로 확인되는데, 그는 【표 4】와 같이 분원공소에 거액의 자금을 빌려주는 인물이었던 것으로 보인다. 이성실이라는 인물에게는 분원공소가 오택민에게서 빌렸다가 갚지 못하는 돈을 다시 빌려 '돌려막기'를 하는 모습도 확인된다. 권창인에게서 어음으로 받은 돈이나 받을 돈을 오택민에게 옮겨 주는 사례도 보인다. 거론되는 돈의 액수는 2천-5천 단위로 거액이었다.

동대문 쪽의 배오개(梨峴) 상인들과도 거래하였다. 지규식이 거래 관계를 맺었던 이현 상인들은 김영문金永文, 박광혁朴光爀, 김필영金弼榮 등이었다. 이들도 분원에서 도자기를 사다가 각자의 가게에서 판매했던 것으로 보인다. 이 때문에 지규식과 도자기 대금 등으로 돈이 오갔다. 이들 사이에서도 어음 거래가 빈번하였는데, 다른 사람에게 지불해야 할 돈을 김영문이나 박광혁의 어음에서 제하여 대신 받아 가라고 표를 써 주는 경우도 많았다.

이들 도자기 상인도 직접 분원에 내려가 도자기를 구매하여 운반해 왔다. 보통 분원에 가서 한 번에 구매하는 수량은 적게는 10바리, 많게는 20바리 정도였다. 이들이 분원에 내려가서 필요한 수량만큼 '짐을 싸서' 실어 오는 것도 '결복'이라 하였다.

일기 기록	주문자	이동 방향	수량 또는 지불 예정액	바리당 값
1891. 1. 17.	김정호	→ 분원	1,200냥 선납 + 1,800냥 후불	
1891. 2. 4.	민상순	→ 종로		
1891. 2. 5.	김진우	→ 분원	1,000냥 어음	
1891. 2. 9.	최우현	→ 분원		
1891. 2. 11.	조춘근	→ 종로		
1891. 3. 28.	분원	→ 서울	진상품 6바리	
1891. 4. 1.	김영문		18바리	
1891. 5. 6.	권창인	→ 남대문	10바리	
1891. 5. 11.	최우연	→ 서울		
1891. 5. 20.	이천유	→ 뚝섬		
1891. 5. 25.	민태순	→ 분원	2,000냥 어음	
1891. 8. 11.	김영문	(4월 5일에 결복한 값 수령)	18바리값: 2,883.5냥	약 160냥
1891. 8. 22.	분원	→ 관청, 서울 관료들	2바리	
1891. 9. 6.	민상순	(6월 7일에 결복한 값 수령)	16바리값: 2,337냥	약 146냥
1891. 9. 12.	신석주, 김정호	→ 분원		
1891. 9. 23.	신석주	→ 서울		
1891. 11. 23.	김진우	→ 서울	20바리, 1,000냥 선불	

표 5 1891년 서울 상인들의 도자기 주문 포장[結卜]

【표 5】는 『하재일기』 기록에 근거하여, 1891년 한 해 동안 서울의 상인들이 '결복'을 하러 분원을 방문한 사례들을 모아 정리한 것이다. 도자기의 구성에 따라 구매 가격은 그때그때 달랐겠으

나, 값이 명시된 경우를 근거로 계산해 보면 대략 1바리당 140-160냥 선이었던 것으로 확인된다.

종루의 사기전이든, 남대문·동대문의 도자기 상인들이든 분원에서 도자기를 실어 올 때는 대체로 한강을 거쳤다. 1891년 10월 27일 일기를 보면, 진상할 그릇들을 실은 배가 얼음에 갇혀 움직일 수가 없다는 소식을 듣고 답답해하는 지규식의 모습이 나온다. 그는 일단 육로로 운송하라고 답을 하면서도 "너무나 놀라고 당황스러운" 마음과 "답답하고 답답한" 심정을 그대로 일기에 적었다.

대출 관계

지규식은 현장에서 현금을 주고받는 경우도 있었지만, 대부분의 경우 어음으로 거래하였다. 도자기 주문을 위해 선불금을 받는 경우도 많았고, 외상거래도 꽤 자주 보인다. 어음은 300냥부터 5천 냥에 이르기까지 거액이 오가는 거래였다. 돈을 받자마자 돈을 다른 사람에게 옮겨 주는 '길거結據'의 사례도 자주 보인다. 또 받은 돈을 다른 가게에 맡겨 두는 경우도 종종 보인다. 이렇듯 거래의 상당수가 현금보다는 어음으로 이루어지고, 어음의 명의를 다른 사람으로 옮기는 일이 빈번했던 것을 볼 때,

지규식이 거래 관계를 맺었던 대상들은 상당한 신뢰 관계에 놓여 있었다고 할 수 있다.

한편, 지규식은 자금 대출도 자주 하였다. 지규식의 일기에 나타나는 사채 거래는 수십 냥에서부터 수천·수만 냥에까지, 이른다. 지규식 개인이 하는 대출도 있었지만, 분원공소 차원에서 필요한 자금을 대출하는 경우가 많았다. 『하재일기』에서 1만 냥 이상을 대출한 내역만 뽑아 보면 11건이라고 한다.[47] 그중 분원공소 시기, 그러니까 1895년 이전에 대출된 것이 7건이었고, 나머지 4건은 번자회사 설립 이후의 일이었다. 11건 중 10건이 도자기업 운영과 관련된 것이었고, 1건만 이자놀이를 위한 것으로 확인된다.

분원공소의 자금으로 대출된 돈은 도자기 생산-운반 과정의 인건비와 재료비로 사용되었다. 때로는 기존의 빚과 이자를 갚기 위해 다른 사채로 돌려 막는 경우도 있었다.

지규식이 돈을 빌린 대상은 분원이 있는 양근·광주 일대에 가장 많았지만, 서울에서도 대출을 많이 하고 있었다. 특히 판서나 지방관 출신 등의 고위 양반들은 수천·수만 냥을 지규식, 또는 분원공소에 대출해 주고 있었다. 서울 재동齋洞 이 판서로 불리는 이재완李載完(1855-1922)은 종친이었는데, 분원에 만 냥에 가까운 큰돈을 빌려주고서 분원 근처 족동簇洞에 사는 조趙 오위장에게 대출금의 수납·독촉을 맡겼다. 남계 이 판서는 분원공소에 12,000냥의 자금을 빌려주었다. 이때 김대유라는 사람이 대출을 중개하였고, 중개비로 3.3%에 해당하는 400냥을 받는 사례도 보인다.

'조 고양'이라고도 지칭되는 조용구도 상당한 재력가였던 것으로 보인다. 그는 분원공소를 대상으로 많게는 15,000냥까지 거액의 자금을 빌려주었다. 그래서였는지, 지규식을 비롯한 분원 공인들은 연말에 조용구 집에 갈비, 돼지고기, 건시 등을 선물로 보내기도 했다.

종로의 조창식이라는 상인과도 금융거래가 많았다. 지규식은 몇백, 몇천 냥의 거액의 돈이나 어음을 받게 되면 조창식에게 맡겨 두고 중간중간 찾아 쓰는 일이 많았다. 어음을 추심하는 일도 조창식에게 부탁하기도 하였다. 다른 사람에게 지불해야 할 돈을 조창식에게서 찾아가도록 하는 일도 많았다. 이렇게 볼 때, 조창식은 금융 업무를 전담하였던 인물로 짐작된다.

조창식에게 돈을 빌리는 일도 종종 보인다. 1891년 8월 10일, 지규식은 신석주 이름의 5천 냥 어음을 전당 잡힌 채, 거액을 3푼(3%) 선이자로 빌렸다. 이때 선이자로 낸 돈이 150냥이었으니 빌린 원금은 5천 냥이었던 것으로 보인다. 지규식은 1895년 초까지 조창식과 거래 관계를 지속하였다.

지규식은 이렇게 자주 돈을 빌리기도 하고, 돈을 빌려주고 이자를 받기도 하였다. 그는 금리가 낮은 근대식 은행을 이용하는 대신 고리의 사채를 주로 이용했다. 확실한 보증인과 담보를 요구하는 은행의 문턱은 높았고, 본래 국가의 지원에 기대고 있었던 지규식이나 분원은 전통적 방식의 사채에 의존했던 것으로 보인다.[48] 채권자에게는 단순히 경제적인 빚만을 지고 있었던 것이 아니라 선물을 보내거나 경조사를 챙기면서 관계를 돈독히 하기 위해 공을 들였다. 덕분에 가끔은 고리의 사채를 모두 제때 갚는 대신 빚을 탕감받는 일도 있었다.

숙소와 뚝섬나루를 거점으로

단골 숙소와 숙소 이상의 의미

지규식은 서울에 출장을 와서 머무는 기간이 많았으므로, 단골 숙소를 마련해 두고 있었다. 1891년 1월 10일, 도성에 도착하자마자 지규식이 간 곳은 파동巴洞 조가네였다. 그 이틀 전에는 지규식의 하인으로 추정되는 춘엽春葉을 미리 이곳에 보내 두기도 하였다. 첫날밤은 이곳 파동 조가네에서 묵었다. 하지만 다음 날에는 이곳에 손님이 번잡하여 불편하므로 인사동(寺洞) 신 씨네로 숙소를 옮기게 된다. 이때 숙소 주인 신 씨는 당시 상중이었던지 '신 상인(豫人)'으로 불렸고 1893년부터는 '신 서방'으로 불렸다. 이후 지규식은 서울 출장 때마다 주로 이 숙소에서 생활했다. 신 씨의 숙소는 1891년 6월 20일에 장동(壯洞)으로 이사를 하였고 지규식도 짐을 챙겨 함께 숙소를 옮겼다. 이후 지규식의 서울 숙소는 장동이 되었다.

지규식은 인사동 신 씨 숙소로 옮겼음에도 불구하고, 파동 조가네를 자주 들렀다. 분원에서 사람이 올라올 경우, 대부분 파동 조가네로 보내어 숙식을 해결하도록 하였다. 그리고 파동 주인집에 방문자들의 식대를 지불하는 모습도 보인다. 파동은 지규식이 분원 사람들을 만나 소통하는 장소로 이용되었다. 이런 정황을 볼 때, 파동 조가네는 분원 사람들이 서울에 출장을 오면 으레 묵는 숙소로 모종의 합의가 되어 있던 곳이었던 듯하다.

인사동, 또는 장동 숙소의 주인 신 씨와도 일정한 신뢰 관계를 맺고 있었다. 지규식은 1891년 2월 15일, 식대 15냥을 내면서 75냥 1전짜리 수표도 내주며 이현(배오개)의 상인 김영문에게서 받도록 하였다. 이것은 숙소 주인에게 지불해야 했던 돈을 수표로 처리했던 예라고 할 수 있다. 한편 1891년 3월 12일에는 분원 공방 몫의 돈 470냥을 신 씨에게 맡겨 두는 모습도 보인다.

3월 17일에도 신 씨에게 맡겨 둔 130냥짜리 수표를 사용하는 것을 볼 때, 일찍부터 신 씨에게 돈을 맡겨 두는 일은 많았던 듯하다. 신 씨에게 돈을 꾸어 쓰는 일도 있었다. 1891년 6월 1일, 지규식은 인사동 숙소 주인 신 씨에게 50냥을 빌려 썼고, 같은 달 20일에도 9냥을 빌려 썼다.

조선 후기 주요 꼬구에서 활동했던 여객주인旅客主人, 또는 객주客主는 원거리를 오가는 상인들에게 숙식을 제공하는 장소였을 뿐만 아니라 짐과 돈을 맡아 주고 다른 상인과의 거래를 주선하거나 자금을 융통해 주는 등의 역할도 담당했던 것으로 알려져 있다. 지규식이 묵었던 인사동 숙소는 그러한 객주까지는 아니었겠지만, 지규식이 분원과 서울을 오가며 영업을 할 때 여러 편의를 봐주고 돈을 맡기고 빌릴 수 있는 그런 신뢰 관계의 숙소였다.

숙소 주인 신 씨와의 개인적인 친분도 돈독히 했다. 1891년 6월 21일에는 장동의 주인아주머니(主娘)에게 참외를 선물하고서 냉면 한 그릇을 얻어먹었다. 9월 10일에는 장동 주인이 백립白笠을 개조하고 싶어 하자 지규식이 나서서 남대문 밖 구영록을 만나 일을 부닥하기도 하였다. 1891년 연말에는 지규식이 고향에서 생치 6마리를 사서 서울 김정윤과 김태정에게 각 2마리씩 선물을 올려 보내면서 장동 신 씨에게도 2마리를 보내기도 했다. 1892년 3월에는 장동 주인 노파가 관광하러 분원까지 내려와 장춘헌에서 묵었다. 지규식은 주인을 집으로도 초대하여 아침을 대접하였다. 1892년 연말에도 지규식은 생치 2마리를 서울 장동으로 보냈다.

그런데 1893년 2월 3일에는 신 씨의 마음이 틀어지는 일이 있었던 모양이다. 이때 지규식은 분원에 있었는데, 장동 주인 신 서방이 불쾌한 일이 있어서 분원 사람을 거절하기에 김익준이 거처를 다른 곳으로 옮겼다는 소식을 듣게 된다. 소식을 듣고 지규식은 속사정을 알지 못해 갑갑해하였다. 그러나 이후 지규식이 왕래를 이어 가면서 불편함은 해소되었던 것으로 보인다.

뱃짐을 내리는 뚝섬나루

수로 운송을 위해서 지규식은 뚝섬과도 빈번한 교류를 하였다. 뚝섬은 한강 상류를 통해 실려 오는 뗏목들이 일차로 집하되는 곳이었다. 따라서 이곳은 목재상뿐만 아니라 짐꾼(負持軍)들도 많이 모여 살던 곳이었다. 1833년(순조 33) 뚝섬의 마을 사람이 포도청에 잡혀간 일을 계기로 '폭동'이 일어난 적이 있었다. 이때의 심문 기록을 보면, 뚝섬은 최초에 마을이 이뤄질 때부터 주민들이 상류에서 떠내려오는 목재를 말로 운반하고 등으로 져 나르고 하여 생계를 꾸려 왔다고 하였다.

지규식도 물건을 실어 나를 때 뚝섬을 통하는 경우가 많았다. 분원에서 배에 실어 보낼 때도 뚝섬을 목적지로 하는 경우가 많았고, 서울에서 분원에서 오는 배를 기다릴 때도 뚝섬에 나가 기다렸다. 배에서 짐을 내려 옮길 때는 품팔이꾼을 얻어 운반하게 하였다. 뚝섬에서 모든 도자기를 한꺼번에 도성 안으로 옮기지 못할 때는 일부를 뚝섬에 맡겨 두는 일도 있었다. 지규식은 뚝섬 연반계㮂聯班契에도 가입하여 활동하고 있었다.

지규식이 자주 교류하고 일을 맡겼던 뚝섬 사람은 조동규趙東圭(또는 조 선달)와 이원배李元培 등이었다. 먼저 조동규는 뚝섬에서 짐을 맡아 운반을 해 주거나 자금 위탁과 대출을 봐주는 객주의 역할을 했던 것으로 보인다. 1891년 2월 6일, 뚝섬 조동규는 지규식을 찾아와 진상한 도자기의 운반비馱價를 청구했고 지규식은 200냥짜리 수표를 써 주었다. 같은 11월 2일에는 무슨 명목인지는 모르나 500냥을 뚝섬 조 선달에게 주었다. 조동규에게 지불되는 돈이 대체로 거액이었던 것을 볼 때 분원 도자기의 운반 과정에서 조동규의 역할이 상당히 컸을 것으로 짐작된다. 지규식이 아침에 배를 타고 와 뚝섬에서 내리면 조동규 집에 가서 점심을 먹는 장면도 보인다.

지규식은 조동규와 다른 거래도 종종 하였다. 1892년 윤6월

23일에는 조동규 집에 250냥을 맡겨 두고 수표를 받아 왔고, 7월에 그 수표를 분원 동료 김익준에게 전달한 바 있었다. 이후 조동규에게 어음으로 돈을 받는 장면들도 자주 나온다. 조동규에게 돈을 꾸는 일도 있었다. 도자기가 아닌 소금, 직물 등의 물품들을 뚝섬에서 흥정하고 거래하는 일들도 있었다.

한편, 뚝섬 사람 이원배는 화목주인火木主人이라고 불리고 있어, 그곳으로 들어오는 뗏목에 대한 수세권을 지닌 인물로 보인다. 1895년 5월 8일 일기에서는 뚝섬의 '벌목주인伐木主人'과 '시상주인柴商主人'도 언급하고 있다. 분원이 우천에서 뗏목에 대해 수세를 하였듯이, 뚝섬에도 뗏목에 대한 수세소가 있었다. 목재상들이 우천을 지나 뚝섬까지 오게 되므로, 분원 공인들은 뗏목 수세에 대한 문제를 처리할 때에 뚝섬의 관련자들과도 소통하였다. 세전을 받아 내기 위해 뚝섬으로 사람을 보내거나 전령을 보냈던 것이다. 그러면서 뚝섬의 관련자들과 별도의 거래 관계를 맺었던 것으로 보인다.

4

개인 지규식의
경제활동

일상에서의 소비활동

지규식의 가족 구성과 가정 내 지출

분원의 공인 지규식은 한편으로는 한 집안의 가장이기도 하였다. 이번에는 그 집안으로 눈을 돌려 일상적인 생계지출을 살펴보자. 지규식이 생계를 책임지고 부양해야 했던 가족은 적지않았다. 홀어머니와 부인, 자녀들은 기본이었고, 형수와 조카들, 그리고 동생들까지 함께였다.

지규식은 여섯 명의 아들 중 넷째였던 것으로 확인된다. 위로 세 명의 형이 있었지만 모두 일찍 사망하면서, 40세 이후 가장 큰아들이 되어 어머니를 모시게 되었다. 또 형들에게 딸린 식구들, 그러니까 형수와 조카들도 돌봐 주어야 했다. 조카들이 아프면 돌봐 주고, 조카딸이 혼인할 때는 혼수를 마련해 주고 각종 혼례절차도 나서서 처리해 주었다. 형수들이 명절 때 이천이나 미호(渼湖) 등지에 있는 친정에 가는 일도 신경을 써 주었다.[49] 한편, 지규식은 동생도 챙기는 입장이었다. 두 명의 동생 중 지준식(池準植)은 일찍 사망하여, 일기를 쓰던 당시 지규식은 자기 아들에게 제사를 지내도록 하고 있었다.

살아 있는 유일한 형제였던 동생 지연식(池演植)은 지규식과 함께 분원에서 도자기업에 종사하고 있었다. 지연식은 지규식처럼 분원의 업무로 서울, 또는 이천, 강원감영을 오가며 지규식과 연락을 주고받았다. 지규식과 지연식 형제는 동행하여 일정을 소화하기도 했으나, 보통은 각자 서로 다른 일정으로 서울과 분원을 오가며 교차로 일을 처리하였던 것 같다.

동생 몫의 대금을 치러 주는 장면도 자주 나온다. 1891년 2월 5일 일기에는 돈을 '연식 가게(演植市)'에 내려 보냈다는 기록도 보여, 지연식이 따로 가게를 운영하였을 가능성도 엿보인다. 지규식은 동생 연식이 어디를 가거나 갔다가 돌아올 때, 꼬박꼬박 일기에 기록하였다. 서울로 심부름을 보낼 때는 노잣돈 5냥을 챙겨 주었다. 지연식의 아들이 태어났을 때, 딸이 홍역으로 죽었을 때도 일기에 기록을 남겼다.

지연식은 결혼하여 따로 살고 있었고 그 역시 분원 일을 하고 있었으므로, 지규식이 그 생계까지 책임질 필요는 없었다. 하지만 동생에게 무슨 문제가 생겼을 때는 형으로서 그것을 해결해 주기 위해 신경을 썼던 것으로 보인다. 1894년 5월 24일, 지연식이 다른 사람의 돈을 대신 책임지고 갚아 주게 된 일이 벌어졌다. 지규식은 동생이 감언이설에 넘어가 책임을 떠안는 것을 보고 "본디 물정에 어둡고 마음이 나약하다"라며 안타까워했다. 동생에게 책임을 떠넘긴 이에 대해서는 "교활하고 간악한 무리"라고 하였으며, 7월에는 직접 나서 동생이 그 돈을 갚을 수는 없다고 단호히 거절하고 돌아오는 모습도 보인다. 이후에도 지규식은 종종 동생을 못마땅해하는 모습을 보이기도 하지만, 동생 생일에 아침을 장만하여 함께 먹는 등 유일한 형제로서 살뜰히 챙겼던 것 같다.

이제는 지규식이 혼인하여 꾸린 가정을 보자. 지규식의 부인은 한씨였으며 동갑이었다. 지규식은 그의 처를 '집사람(家人)'이라고 불렀다. 일기에서 부인에 대한 언급은 그리 많지 않은 편이다. 장모님의 병환에 부인이 처가를 오가는 이야기, 부인이 아플 때 치료하는 이야기, 자식의 일이나 기타 용무로 부인이 멀리 외출하는 일정 등이 일기에 적혀 있다. 지규식이 지은 시에 부인이 등장한 적도 있었는데, "아침마다 저 멀리 강어귀(江口)를 바라보니 집사람의 심정도 나와 같겠지", "멀리 생각하니 중추의 밝은 달밤에 집사람 날 위하여 다듬이질하리" 등의 구절이 그 예이다. 부인이 아플 때 약을 지어 주고 안타깝고 답답한 마음을 표현하였으며, 1911년 2월 16일, 부인의 환갑 때에는 이웃들을 초대하여 잔치를 열었다고 기록되어 있다.

하지만 지규식의 부부 관계가 그리 돈독했던 것 같지는 않다. 1899년 9월 29일의 일기에 따르면, 아내가 불화不和로 인해 우울병이 생겼고 한밤중에 급체하여 위급한 지경에 이르렀다고 한다. 1891년 7월 19일의 일기에는 지규식이 밤에 "집사람이 실성하는 꿈"을 꾸었다고 하였는데, 꿈 이야기일 뿐이지만 부인의 마음이 평소 편안한 상태는 아니었던 것으로 짐작된다.

지규식의 자녀는 6남 1녀로 모두 7명이었다. 아들의 이름은 차례로 산구山龜 재구再龜, 문구文龜, 서구筮龜, 신구神龜, 수구水龜였다. 첫째부터 넷째까지는 영인榮仁, 영의榮義, 영례榮禮, 영지榮智라는 아명兒名으로도 불렀다. 영 자 돌림에 인의예지仁義禮智를 순서대로 붙인 것이었다. 아들을 부를 때는 인아仁兒, 의아義兒, 예아禮兒, 지아智兒라고 귀엽게 부르기도 했다. 딸은 여아女兒라고만 부르고 있어 이름을 알기 어렵다.[50]

첫째 아들은 아버지의 분원 일을 배우고 도왔다. 지규식을 대신하여 우천장에 세금을 거두러 가기도 했고, 처가가 있었던 원주에 가서 도토를 조달해 오기도 했다. 번자회사가 설립된 이후에도 일을 도왔고, 1910년에 출범한 분원자기주식회사에서는 간역看役을 맡기도 했다. 집안에서도 제사와 성묘, 동생들의 혼인 등의 일에서 맏아들의 역할을 하고 있었다. 둘째 아들도 형과 함께 지규식의 일을 도왔다. 도자기를 판매하거나 외상값을 받아 오는 일을 하였으며, 1906년, 분원에 학교가 설립되었을 때는 학교 일도 거들었다.[51]

셋째 아들은 1896년, 한성아어학교漢城俄語學校에 입학하여 러시아어 통역관 공부를 했고, 1898년(광무 2)에는 인천 전환국典圜局에 근무하여 형들과는 다른 길을 걸었다. 그런데 17세부터 다리 마비 증세로 고생하였고 1902년(광무 6), 24세로 요절하였다. 넷째 아들은 부모 허락 없이 1901년에 병정兵丁으로 입대하였다가 1902년에 돌아왔고 돈 문제로 속을 썩였다. 그러다 1905년, 잿물을 잘못 마시고 20대 나이로 요절하였다. 다섯째 아들은 어릴 때 병치레하다가 일찍 죽은 것으로 보이고, 여섯째 아들도 9살에 요절하였다. 한편, 딸은 1901년에 혼인하여 남한산성에 가서 살았고, 이후에도 왕래가 있었으나 역시 1904년(광무 8)에 잿물을 잘못 마시고 일찍 죽었다.

이렇듯 지규식은 7명의 자녀를 부양하였으나 5명이 요절하

대상	시기	명목	금액(단위: 냥)
어머니	1891. 2.	돈	100.0
	1892. 1.	약(가미행소탕 1첩)	
	1892. 1.	약(행소탕)	
	1892. 4.	쏘가리 2마리	6.5
	1892. 윤6.	이웃 노부인들과 귀천 명성암 행차	1.0
	1892. 윤6.	참외 1접	12.0
	1892. 윤6.	약(인삼양위탕, 계강환 10개)	
	1892. 윤6.	인삼 4뿌리	
	1892. 윤6.	약(체증 약 3첩)	
	1892. 11.	겨울 모자 고친 공전	
	1894. 12.	약(인삼해독탕 2첩)	
	1894. 12.	약(1첩)	
부인[家人]	1892. 윤6.	김맨 품삯 지출 명목	5.0
	1892. 11.	약(불수산 1첩)	
산구(영인)	1891. 4.	신발[鞋]값	22.0
	1892. 1.	적병(積病) 약 2첩	
	1892. 5.	세전 중에서 영인이 (개인적으로) 쓴 돈	405.0
	1892. 12.	영인의 빚(갈현 안 씨 댁)	80.0
	1892. 7.	나막신값	2.0
	1892. 11.	미투리값	2.6
며느리	1893. 4.	원주 친징 가는 노자	60.0
재구(영의)	1892. 7.	나막신값	2.0
	1892. 11.	미투리값	2.6
문구(영례)	1892. 4.	『통감』 제5권	5.0
	1892. 8.		0.3
	1892. 11.	생일 국거리 고기	3.0

	1891. 4.	짚신값	6.0
서구(영지)	1892. 7.	점심 배달 후 귀가	0.3
	1892. 8.	아침 배달	0.3
	1892. 12.	나막신 1켤레	1.7
신구	1891. 3.	약(난간전 1첩)	
	1892. 8.	겟돈	1.0
딸(여아)	1891. 12.	저고릿감(송화색) 2자	5.0
	1892. 6.	짚신값	0.8

표 6 식구들에 대한 지출 내역

고 첫째와 둘째 아들만 장성하여 일을 거들었다. 지규식은 자녀들의 교육에 상당히 공을 들이고 많은 투자를 하였고, 자녀들에게 문제가 생겼을 경우 회초리를 치며 호되게 꾸중하면서도 돈을 대신 갚아 주는 등 문제를 해결해 주기 위해 애를 썼다.

지규식이 1891년부터 1894년까지 식구들을 위해 일상적으로 지출한 돈의 내역을 모아 보면 앞의 【표 6】과 같다.

애인을 위한 소비

지규식의 일기에는 부인에 관한 이야기보다 애인에 관한 이야기가 더 자주 등장한다. 그는 1880년(고종 17) 무렵부터 1898년까지 '춘헌春軒'이라는 여성과 교제하였고, 춘헌이 죽은 뒤에는 '운루雲樓'라는 여성과 1908년까지 교제를 한 것으로 파악된다.

두 여인은 각각 장춘헌藏春軒과 벽운루壁雲樓라는 술집을 운영하던 이들이었다.

지규식은 분원마을에 있을 때는 거의 매일같이 장춘헌에서 애인과 정담을 나누었고, 그 사실을 일기에 기록하였다. 애인을 부르는 명칭도 다양하였는데, '춘헌'이라고 부를 때가 가장 많았고 난경蘭卿, 난인蘭人, 난향蘭香, 이인伊人, 향군香君 등으로도 불렀다.[52] '밤이 깊도록 정담을 나누고 닭이 운 뒤에 돌아온 일', 만두나 밤, 참외 등 특별한 음식을 먹고 돌아온 일, 뒷산에 올라가 어린 소나무 한 그루를 캐어 와서 화분에 심은 일, 수종사에 가려다 못 가고 배를 띄워 술과 과일을 먹으며 정담을 나눈 일 등 춘헌과의 만남은 일기에 상세히 담겨 있다. 춘헌에게는 다른 남성에게서 얻은 아들도 있었는데, 지규식은 이 아이의 첫돌 비용을 대 주기도 했다.

다음 【표 7】은 지규식의 일기에 장춘헌의 애인에게 쓴 비용이 나오는 사례를 정리한 표이다. 모든 내용을 표 하나로 다 정리하기 어려울 만큼 장춘헌에 가서 쓴 돈의 명목이 많았다. 앞서 지규식이 각 식구에게 쓴 비용과 비교해 볼 때도 애인에게 쓴 비용이 훨씬 다양하고 빈번했다고 할 수 있다.

날짜		장춘헌에 준 것	금액(단위: 냥)
1891년	4. 14.	술값	0.40
	4. 18.	술값	0.40
	5. 18.	항라(亢羅) 1필 (30냥)	30.00
	5. 21.	약	
	8. 15.	귀걸이	
	8. 18.	담배 1근 선물	2.00
	11. 8.	서울 간동에서 콧병에 대한 약방문 처방	
	11. 12.	콧병약 35.3냥	35.30
	12. 4.	저고릿감 흰 삼팔주 5자(21.5냥), 분 3갑(2.2냥)	23.70
	12. 30.	정도경에게 받은 값 중에 조근수네 외상값 갚은 후 장춘헌에게 20냥 지불	20.00
1892년	1. 14.	과일 5냥어치, 밤 1냥어치	6.00
	1. 25.	육초(肉燭)	0.50
	2. 16.	반나절 이야기	0.55
	2. 22.	돈 5냥	5.00
	2. 24.	고운체[細篩]값	8.00
	3. 16.	담뱃값 3전, 술값 3전	0.30
	3. 21.	돈	5.00
	4. 6.	은가락지(48냥), 미역값 8전	48.80
	4. 8.	떡값	1.50
	4. 10.	생명주 4척(10냥), 왜밀 1장(8전), 참분 1갑(1.7냥)	12.50
	4. 14.	정육 5냥어치	5.00
	4. 23.	돈	0.20
	5. 24.	앵두 1냥어치	1.00
	6. 2.	양항라 10자	
	6. 4.	정육 5냥어치	5.00
	6. 8.	돈	5.00
	6. 14.	당귀보혈탕 1첩	

6. 18.	인삼 6전쭝	
6. 20.	저항라(苧亢羅) 1필	
6. 22.	약	
6. 24.	돈	20.00
6. 27.	참외 15개	4.00
윤6. 2.	참외 1냥 5전어치	1.50
윤6. 3.	참외값	1.00
윤6. 4.	소 염통 1부	1.00
윤6. 5.	둥근 부채 한 자루	
윤6. 8.	참외	1.40
윤6. 11.	참외	1.00
윤6. 12.	참외값 0.75냥, 돈 1냥	1.75
윤6. 16.	수종사 나들이 반찬값	5.50
윤6. 24.	돈	5.00
윤6. 25.	참외	1.00
윤6. 27.	쓴 돈	1.20
…	…	

표 7 지규식이 장춘헌 애인에게 쓴 비용들

물가 변동과 품삯

물가 변동

지규식은 분원공소에서 필요한 물품이든, 개인적으로 필요한 물품이든 그날그날의 구매 내역을 일기에 기록하고 있다. 물론, 날마다 기록의 상세함이 달라서 구매 수량과 구매 가격을 모두 구체적으로 기록한 날과 그렇지 않은 날이 있다. 또 구매 물품의 용처가 분원인지, 개인 가정인지 명확히 구분되지 않는 경우도 많다. 어떤 경우에는 분원의 공금으로 분원 물품과 개인 물품을 섞어서 구매하는 모습도 보이고, 개인 돈으로 분원 물품을 구매하는 듯한 모습도 보인다.

그럼에도 각 물품의 구매 수량과 구매 가격이 동시에 기록된 경우들만이라도 추려서 정리해 보면 당시 각 물품의 단가와 그 변화 추이를 어느 정도 파악할 수 있다. 특히 쌀이라는 품목은 분원 차원에서도, 개인 가정 차원에서도 필수적인 구매 물품이었고, 때로는 수중에 들어온 쌀을 방매하는 경우도 있었으므로 그 가격을 확인할 수 있는 기록이 자주 나온다.

【표 8】에서 보이듯이, 1890년대 초반 쌀값은 1되에 3냥 내외였다. 1891년부터 1894년까지 쌀값은 중간에 기복이 있기는 하지만 상승 추세에 있었다. 1891년에는 1되에 3냥 미만이었던 쌀값이, 1892년 상반기에는 3.3-3.4냥이 되었고 하반기에는 3.6냥 내외로까지 오르기도 했다. 1893년부터 1894년에는 동학도들의 소요에 영향을 받아 쌀값이 크게 흔들렸고 3.8-3.9냥, 심지어 4.5냥까지 폭등하며 놀라움을 자아내기도 한다.

위치	날짜	구매 내역	수량	가격	단가
		쌀	되	냥	냥/되
분원	1891. 2. 29.	10말: 215냥	100	215.00	2.15
분원	1891. 3. 14.	2말 6되: 59.8냥	26	59.80	2.30
분원	1891. 10. 5.	1되: 2.8-2.9냥(우역으로 인해 근래 보기 드문 변고)	1	2.90	2.90
분원	1891. 11. 21.	5말: 150냥	50	150.00	3.00
분원	1892. 1. 14.	1되: 3.1냥씩(80.6냥어치 구매)	1	3.10	3.10
분원	1892. 1. 25.	3말 3되: 105.6냥(1되: 3.2냥씩)	33	105.60	3.20
분원	1892. 2. 10.	2말 5되: 80냥(1되: 3.2냥씩)	25	80.00	3.20
분원	1892. 3. 14.	4말: 132냥(1되: 3.3냥씩)	40	132.00	3.30
분원	1892. 3. 29.	2말 9되: 95.7냥	29	95.70	3.30
분원	1892. 5. 9.	1되: 3.3냥씩(방매하여 350냥 수입)	1	3.30	3.30
분원	1892. 5. 12.	7되: 23.1냥(방매)	7	23.10	3.30
분원	1892. 6. 24.	3말: 104냥(1되: 3.4냥씩)	30	104.00	3.47
분원	1892. 윤6. 4.	3말: 102냥	30	102.00	3.40
분원	1892. 윤6. 9.	4말: 136냥	40	136.00	3.40
분원	1892. 7. 16.	3되: 10.2냥(1말: 34냥)	3	10.20	3.40
분원	1892. 7. 20.	1말: 36냥	10	36.00	3.60
분원	1892. 7. 26.	1되: 2.9냥(사 놓은 쌀 63석 도매)	1	2.90	2.90
분원	1892. 7. 28.	6말: 219냥	60	219.00	3.65
분원	1892. 8. 5.	4말: 126냥(1되: 3.15냥)	40	126.00	3.15
분원	1892. 8. 20.	3말: 110냥	30	110.00	3.67
분원	1892. 9. 10.	6말: 214냥	60	214.00	3.57
분원	1892. 9. 14.	10말 8되 5홉: 368.45냥(1되: 3.4냥씩)	108.5	368.45	3.4
분원	1892. 9. 24.	6말: 207냥(1되: 3.45냥씩)	60	207.00	3.45
분원	1892. 12. 14.	1섬: 122.5냥, 백미 6되: 21.6냥	(1섬)	(122.5)	(1.23) *
분원	1893. 1. 19.	6말: 225냥(1되: 3.75냥, 정도경에게서 구매, 경환으로 지불)	60	225.00	3.75
분원	1893. 2. 9.	1되: 2.65냥씩(염성선에게서 2말 3되 구매)	1	2.65	2.65

?	1893. 3. 12.	1섬: 155.8냥(한정권에게서 온 쌀)	(1섬)	(155.8)	(1.56) *
분원	1893. 3. 30.	6말 7되: 257.95냥(함영표에게서 구매, 4월 초 '동학란으로 시장에 쌀이 옥처럼 귀해짐')	67	257.95	3.85
분원	1893. 8. 8.	1되: 4.5냥씩(동장 유 선달이 전해 준 소식, "매우 놀랍고 한탄스럽다")	1	4.50	4.50
여주	1893. 10. 4.	정자미(正字米) 6말: 222냥, 이자정조(二字正租) 3섬: 240냥	60	222.00	3.70
분원	1894. 8. 19.	1말 1되: 42.9냥	11	42.90	3.90
분원	1894. 10. 4.	4말 1되: 123냥, 백미 15말 1되: 430냥	41	123.00	3.00
분원(우천)	1894. 10. 9.	12말 4되 5홉: 322.65냥	124.5	322.65	2.59
		콩[료]	섬	냥	냥/섬
분원	1892. 11. 25.	1섬 30두: 60.25냥	1.3	60.25	46.34
분원	1892. 12. 5.	1섬: 50.6냥(익준에게 계산해 줌)	1	50.60	50.60
		소금	섬	냥	냥/섬
서울	1891. 2. 12.	25섬: 975냥	25	975.00	39.00
분원	1891. 3. 14.	1섬: 50냥	1	50.00	50.00
분원	1891. 12. 7.	한정권이 소금 사 오는 조건으로 가져간 375냥	?	375.00	?
분원	1891. 9. 1.	10섬: 656.5냥	10	656.50	65.65
분원	1891. 9. 16.	1섬: 70냥	1	70.00	70.00
		쌀새우[白蝦]	동이	냥	냥/동이
서울	1891. 7. 26.	1동이[瓮]: 100냥(김영기 구매 부탁)	1	100.00	100.00
분원	1892. 6. 29.	1그릇[器]: 18.5냥	?	?	?
분원(우천)	1892. 7. 18.	1동이: 125냥(흥정하여 구입)	1	125.00	125.00
분원	1892. 7. 27.	?: 125냥	?	125.00	?
		생치(生雉)	마리	냥	냥/마리
분원	1892. 12. 14.	4마리: 17냥, 암꿩 1마리: 3.5냥	5	20.50	4.10
		흰모시[白苧]	필	냥	냥/필
서울	1891. 7. 21.	1필: 128냥	1	128.00	128.00
분원	1892. 2. 10.	(1필) 43자: 51.6냥(1자: 1.2냥씩)			
서울	1891. 8. 12.	25자: 50냥			

			필	냥	냥/필
서울	1891. 9. 8.	20자: 3.8냥			
분원	1894. 7. 7.	1필: 115냥	1	115.00	115.00
생모시[生苧]			필	냥	냥/필
분원	1893. 6. 14.	1필: 127.6냥	1	127.60	127.60
무명[白木]			필	냥	냥/필
서울	1891. 1. 13.	10필: 170냥(도중에서 사용할 것)	10	170.00	17.00
분원	1891. 11. 19.	1필: 40.25냥	1	40.25	40.25
분원	1892. 4. 15.	?: 160냥	?	160.00	?
분원	1892. 12. 14.	1필: 46냥	1	46.00	46.00
분원	1892. 윤6. 29.	?: 10냥	?	10.00	?
분원	1892. 10. 29.	?: 28.8냥	?	28.80	?
분원	1892. 11. 9.	24자: 28.8냥			
분원	1892. 12. 14.	1필: 46냥	1	46.00	46.00
무명 직조 공전			필	냥	냥/필
분원	1891. 3. 15.	2필 29자: 32.5냥 + 2.5냥	?	?	?
분원	1891. 4. 18.	1필: 13냥씩(42냥 + 3냥)	1	13.00	13.00
분원	1892. 5. 11.	?: 35냥	?	35.00	?
분원	1892. 12. 24.	?: 20냥(선지급)	?	20.00	?
분원	1893. 2. 29.	2필: 48.4냥	2	48.40	24.00
쏘가리			마리	냥	냥/마리
분원(석호)	1892. 4. 26.	4마리: 9냥	4	9.00	2.25
분원(우천)	1892. 4. 27.	2마리: 6.5냥	2	6.50	3.25
분원	1892. 5. 5.	6마리: 27냥	6	27.00	4.50
분원(두릉)	1892. 9. 4.	1마리: 6냥(두릉 사람에게서 구입, 값은 오는 장날에 주기로 약속)	1	6.00	6.00
분원	1892. 11. 4.	1마리: 12냥	1	12.00	12.00
달걀[鷄卵]			개	냥	냥/개
분원	1892. 11. 4.	25개: 0.35냥	25	0.35	0.01

참외[甘苽]			개	냥	냥/개
서울	1891. 6. 21.	2.5냥(주인아주머니에게 선물)	?	2.50	?
서울	1891. 6. 24.	2개(살곶이 다리)	2	?	?
분원	1891. 6. 25.	20개: 2.4냥	20	2.40	0.12
분원	1892. 6. 27.	15개: 4냥(10개는 집, 5개는 춘헌)	15	4.00	0.27
분원	1892. 윤6. 1.	1접(貼): 12냥(셋으로 나눔)	?	12.00	?
분원	1892. 윤6. 2.	1.5냥어치(춘헌에게)	?	1.50	?
분원	1892. 윤6. 3.	1냥(춘헌에게)	?	1.00	?
분원	1892. 윤6. 8.	1.4냥어치(춘헌에서)	?	1.40	?
분원	1892. 윤6. 11.	1냥어치(춘헌에서)	?	1.00	?
분원	1892. 윤6. 12.	0.75냥(춘헌에게)	?	0.75	?
분원	1892. 윤6. 17.	4.5냥	?	4.50	?
분원	1892. 윤6. 25.	1냥어치(춘헌에서)	?	1.00	?
분원	1893. 6. 14.	5냥어치(1냥어치: 춘헌에게, 4냥어치: 김 교관 댁에)	?	5.00	?
분원	1893. 6. 21.	1.5냥어치(춘헌에게)	?	1.50	?
분원	1893. 6. 29.	1.5냥어치(춘헌에서)	?	1.50	?
분원	1893. 7. 4.	1.5냥어치(춘헌에서)	?	1.50	?
분원	1894. 6. 11.	10개: 6.3냥(춘헌에게)	10	6.30	0.63
마른신[乾鞋]			켤레	냥	냥/켤레
서울	1891. 1. 11.	20냥(유광용에게 구매 부탁, 연식의 것)	?	20.00	?
서울	1891. 1. 24.	2켤레: 38냥(창순을 통해 내려 보냄)	2	38.00	19.00
서울	1891. 2. 5.	1켤레: 20냥	1	20.00	20.00
서울	1891. 7. 21.	1켤레: 25냥(본인 것)	1	25.00	25.00
서울	1891. 9. 15.	1켤레: 26냥(금 선생 것)	1	26.00	26.00
서울	1891. 10. 10.	1켤레: 24냥(홍경호 것)	1	24.00	24.00
서울	1891. 11. 26.	25냥(장성화 것)	?	25.00	?
서울	1891. 12. 4.	1켤레: 27냥	1	27.00	27.00
분원	1892. 9. 10.	1켤레: 20냥(향군에게)	1	20.00	20.00

| (서울) | 1892. 11. 25. | ?켤레: 37냥(김익준에게 받을 돈) | ? | 37.00 | ? |
| 귀천 | 1893. 9. 3. | 1켤레: 30냥(귀천의 구두공이 가져온 것) | 1 | 30.00 | 30.00 |

표 8 1891-1894년 주요 물품의 구매 내역
※ 19세기 후반 서울 일대에서 곡물은 '1섬(石)=10말(斗)'이고 직물은 '1필(疋)=50자(尺)'였을 것으로 추정되지만, '섬'과 '필'의 도량형은 시기와 공간에 따라 달라지는 경우도 많으므로 확신할 수는 없다. '＊' 표시한 값은 1섬을 10말이라고 가정하여 계산한 값이다(단가는 소수점 셋째 자리에서 반올림한 값)

쌀 이외의 물품들도 하나하나 다양하게 확인하지는 못했지만, 여러 번 구입된 물품들 위주로 살펴보면 대체로 갈수록 단가가 올라가는 추세를 보인다.

일꾼 고용과 품삯

지규식은 분원 관련 업무를 하는 과정에서나 개인적인 용무를 처리할 때 일상적으로 품팔이꾼을 쓰고 품삯을 지불했다. 분원에서 서울로 도자기를 실어 갈 때, 서울을 오가며 배나 말을 탈 때, 개인적으로 구입한 물건이나 돈을 운반할 때, 밭일할 때, 여인들을 가마에 태워 다닐 때 등 다양한 명목으로 품삯을 지불하였다. 다음 【표 9】는 1891년 한 해 동안 지규식의 일기에 기록된 각종 품삯 지불 내역을 모아 정리한 것이다.

지규식은 우천과 퇴촌 일대에 적지 않은 논밭을 소유하고 있었는데[53] 거기서 보리농사와 목화밭을 일구면서도 품팔이꾼

날짜	명목	값	분류
1891. 1. 29.	(숙소 주인) 두루마기를 세탁하여 다듬이질한 품삯	6.0냥	기타
1891. 2. 19.	밭을 간 품삯	2.0냥	논밭일
1891. 2. 24.	(형수) 가마꾼[轎夫] 술값	1.0냥	가마꾼
1891. 2. 27.	남한산성에 갔던 가마꾼 품삯	9.0냥	가마꾼
1891. 2. 29.	가마꾼 품삯	9.0냥	가마꾼
1891. 3. 13.	광나루-우천 뱃삯	5.0냥	배
1891. 3. 19.	잡초 뽑고 이식하고 밭 옮기고 보리밭 매는 품삯	11.5냥	논밭일
1891. 3. 20.	(제기 33.7냥어치 운반) 술값	1.0냥	운반
1891. 3. 29.	목화 심은 품삯	10.0냥	논밭일
1891. 4. 1.	(방앗간 담 쌓기) 품팔이꾼(6명) 담뱃값	0.6냥	기타
1891. 4. 2.	품팔이꾼 5명 술값	1.5냥	불명
1891. 4. 11.	품팔이꾼 6명 보리밭 김매기 술값	1.8냥	논밭일
1891. 4. 16.	가례(家隷) 이화경에게 짚신값과 술값	0.4냥+0.8냥	집안 하인
1891. 4. 22.	남한산성에서 편지 전해 온 마부 품삯	6.0냥	마부
	애인과 여행 중 가마꾼 품삯	1.0냥	가마꾼
1891. 4. 26.	가마세	1.0냥	가마꾼
	술값	0.4냥	가마꾼
1891. 4. 27.	애인 가마꾼 품삯	3.1냥	가마꾼
1891. 5. 7.	보리타작할 품삯(선불, 며칠 후 삯꾼 21명 구함)	25.0냥	논밭일
1891. 6. 9.	대전 곳간으로 25개의 가자(架子) 옮겨 들인 품삯	85.0냥	운반
1891. 7. 23.	집리 가마꾼 품삯	47.0냥	가마꾼
1891. 7. 24.	내출(內出) 가자 품삯	40.8냥	운반
	물건 흥정한 값	30.0냥	기타
1891. 7. 25.	(배에서 물건을) 거두어 쌓은 품삯	3.0냥	운반
	장목과 초둔을 짊어지고 옮긴 품삯	0.4냥	운반
1891. 8. 6.	우천-뚝섬 뱃삯(전세)	15.0냥	배
1891. 8. 11.	(각종 직물) 짊어지고 온 품삯	3.6냥	운반

1891. 8. 16.	?-우천 뱃삯	10.0냥	배
	민진순 가게에서 장동까지 이불과 요 운반 품삯	0.6냥	운반
1891. 8. 27.	(분원-도성 도자기 운반) 뱃삯	28.0냥	배/운반
	마세(馬貰)	56.0냥	운반
	끌어서 운반한 값	2.0냥	운반
1891. 9. 12.	(당목 550냥어치 구매 시) 품삯	2.25냥	운반
1891. 9. 14.	반상기를 짊어지고 온 품삯	7.0냥	운반
1891. 9. 22.	(우산 염기중) 산소 아래 토지 개간하여 논으로 만든 품삯	13.0냥	논밭일
1891. 10. 6.	가마세	2.0냥	가마꾼
	가마꾼 품삯	28.0냥	가마꾼
1891. 10. 20.	흰 조치 10죽과 청주병 10개를 집리집으로 보내는 품삯	1.2냥	운반
1891. 11. 2.	반상기와 다종(茶鍾)·연적(硯滴)을 운반하는 품삯	4.5냥	운반
1891. 11. 5.	252냥 돈을 운반한 품삯	6.0냥	운반
1891. 11. 13.	돈을 옮긴 품삯	0.7냥	운반

표 9 1891년 중 각종 품삯 지불 내역

을 많이 썼다. 3-4월에 보리밭을 갈고 김매기 할 때도 품팔이꾼을 고용하여 품삯과 술값을 지불하였고, 5월에는 보리타작할 사람 21명을 구하면서 선불로 품삯을 지불하였다.

큰 품삯이 들어가는 경우는 궁궐에 가자를 옮겨 들이는 일이었다. 1891년 6월 9일, 대전 곳간으로 25개의 가자를 옮겨 들인 품삯은 85냥에 달했고, 7월 24일, 내출 가자 품삯도 40냥이 넘었다. 이 작업은 일반적인 물품 운반 작업과는 달리 매우 주의를 요하는 일이었고 인력이 많이 들었으므로, 그 품삯도 높이 책정되었던 것으로 보인다.

　대량의 도자기를 분원에서 도성으로 운반하는 값도 상당하였다. 지규식이 그냥 별다른 짐 없이 분원과 서울을 오가며 배를 탈 때는 뱃삯이 광나루부터 우천까지 5냥, 우천에서 뚝섬까지 15냥 정도였던 반면, 9월 6일처럼 도자기를 대량으로 실어 갈 때는 뱃삯만 28냥이었다. 배에서 내려 말을 통해 운반할 때는 마세도 56냥이나 지출하였고, 끌어서 운반한 값도 2냥 추가로 지불하였다. 도자기의 무게도 무게였겠지만, 고가의 도자기를 깨지지 않게 운반하기 위해서는 그만큼 대가를 많이 치러야 했을 것이다.

　한편, 지규식의 개인적 일상에서 자주 치러진 품삯은 가마꾼의 품삯이었다. 어머니, 형수, 아내, 또는 애인이 외출하여 이동할 때 가마꾼을 쓰고 품삯을 주었는데, 이동 거리에 따라 값이 달랐다. 분원마을의 집에서 남한산성까지는 가마꾼 품삯이 9냥 정도였던 듯하다. 가마를 빌려 탈 때는 가마꾼 품삯 외에 가마세도 별도로 냈다. 종종 가마꾼에게 얼마간의 술값을 지불하기도 했는데, 품삯 대신이었거나 이미 품삯이 지불되었을 경우 과외로 챙겨 준 돈이었을 것으로 보인다. 가마꾼 비용도 서울에서, 특히 집리처럼 업무 관련 관원을 태울 경우, 품삯을 47냥이나 지불할 정도로 높게 지불되었다.

분원 업무나 개인적인 용무로 동료, 지인이나 가족 등을 심부름 보낼 때 노잣돈을 챙겨 주는 일도 자주 보인다. 1891년 한 해 동안 지규식이 지불한 노잣돈 내역만 모아 정리해 보자면 다음 【표 10】과 같다. 지규식 스스로 서울과 분원을 오갈 때 썼던 노자를 보면 보통 1회 편도 여정에 노자 2냥씩 썼던 것이 보통이었다. 다른 사람을 심부름 보낼 때도 보통은 2냥에 준하여 노자를 주었다. 하지만 들려 보내는 물품이 많은 경우에는 조금씩 더 주기도 하였고, 특히 거액의 수표를 전달할 때는 노자를 훨씬 더 많이 지불하기도 하였다. 집안 하인을 보낼 때는 노자를 적게 주는 편이었고, 동생에게는 좀 더 많이, 애인이 갈 때는 25냥까지도 노자를 챙겨 준 바 있다.

계모임과 경조사 부조금

계모임

지규식은 동료·지인들과의 관계 유지, 또는 자금 대출을 위해 여러 계에 가입하고 있었다. 1891년부터 1894년까지 지규식의 일기에서 등장하는 계의 종류를 정리해 보면 다음 【표 11】과

날짜	여행자	이동 거리 및 전달 물품	액수
1891. 1. 17.	박인오	서울에서 분원으로, 편지	3.5냥
1891. 1. 23.	짐꾼 염가	서울에서 분원으로, 석유 1통과 편지	2.0냥
1891. 2. 13.	동생 지연식	서울에서 분원으로	3.0냥
1891. 3. 18.	단양 친척 지홍은	분원에서 단양으로	5.0냥 +사기요강 1개
1891. 4. 21.	불명	박 지사에게 편지	2.0냥
1891. 4. 24.	애인	분원에서 서울로	25.0냥
1891. 5. 24.	애인	서울에서 분원으로, 도중에 편지	5.0냥
1891. 6. 10.	이취홍, 문윤국	서울에서 분원으로, 도중에 편지	4.0냥
1891. 6. 15.	춘엽	서울에서 분원으로, 화분 3개, 무명적삼, 버선, 문포 2필 등	2.0냥
1891. 6. 21.	허창순	서울에서 분원으로, 망건, 석유등, 칠반, 버선, 주전자 등과 애인에게 보낼 돈과 편지	4.0냥
1891. 6. 26.	지규식 본인	분원에서 서울로	1.2냥
1891. 6. 30.	보학	서울에서 분원으로	2.0냥
1891. 7. 1.	지규식, 김익준	서울에서 황해도 해주로	115.6냥
1891. 7. 5.	몽득	황해감영에서 고석우(古石隅)로	5.0냥
1891. 7. 17.	허창순	서울에서 분원으로, 편지	1.0냥
1891. 7. 23.	금석, 박인오	서울에서 행주(杏洲)로, 전령	5.0냥
1891. 8. 17.	단양 친척 지홍은	분원에서 청주 또는 단양으로	5.0냥
1891. 8. 19.	정자관	분원에서 서울로, 3,700냥 수표와 편지	20.0냥
1891. 8. 25.	춘엽	서울에서 분원으로	5냥 중 사립 1개 사고 남은 돈
1891. 10. 27.	금석	서울에서 분원으로, 두루마기 1건, 버선 1건, 보자기 2건	1.0냥
1891. 11. 1.	지규식 본인	분원에서 서울로	2.0냥
1891. 11. 11.	박인오	서울에서 분원으로, 집리의 사통	2.0냥
1891. 11. 28.	이순선	서울에서 분원, 여러 공사, 여러 편지	1.5냥

표 10 1891년 중 노잣돈 지출 내역

같다. 지규식이 가입, 또는 직접 운영했던 계들은 크게 보면, 자금 마련, 또는 대출을 위한 게, 지역별 친목 도모를 위한 게, 장례 때 상호부조를 위한 계 등으로 나누어 볼 수 있다.

그러나 친목 도모나 상호부조를 명목으로 하는 계들도 모두 곗돈으로 빚을 놓아 이자를 받는 등의 대출 기능을 병행했던 것으로 확인된다. 또 각 계에는 지규식이 개인 자격으로 참여하는 경우도 있었지만, 분원의 공방도 게에 참여하여 곗돈 수령에 일정한 권한을 가지고 있는 경우도 많았고, 분원공소가 직접 나서서 계를 개설한 경우도 있었다.

월수계는 지규식이 주도적으로 운영했던 계였다. 1892년 일기에서 지규식은 우천 세소로 자주 출근하였는데, "월수계를 보느라 우천에 나가지 못했다"라는 날도 종종 보인다. '월수계를 보는 날'에는 하루 종일 시간이 소요되는 경우도 있었고, 다 보지 못하고 우천에 나갔다는 날도 있었다. 이를 볼 때, 지규식은 1892년 당시 월수계의 실질적인 담당자였던 듯하다.

이 월수계에는 1891년 12월, 박 참봉이 500냥을 들이는 등 분원 인근 사람들이 많이 가입되어 있었다. 또 분원도 이 계와 관계되어 있었던 것으로 보인다. 1892년 7월 25일, 지규식은 월수계를 보고 돈 200냥을 공방에 빌려주었다고 하였다. 1891년 12월 19일에는 월수 중 남은 돈을 『도중일기都中日記』, 즉 도중의

위치	계 이름	계의 내용	비고
(분원)	월수계(月收契)	계원들에게 곗돈을 거두어 빚을 놓고 이자를 거두는 계	* 지규식 본인
팔곡	월수계	계원들에게 곗돈을 거두어 빚을 놓고 이자를 거두는 계	* 변 첨지
이천	월수계	계원들에게 곗돈을 거두어 빚을 놓고 이자를 거두는 계	* 박 참봉, 이천유
(분원 인근)	포목계(布木契) 포목전(布木廛) 포목도가(布木都家)	[추정] 포목의 거래와 관련한 곗돈 운영, 분원 인근에 포목계 도가(都家) 건물 존재	* 1891년 1월 임원 선출 - 행수 김치범 - 상공원 홍순팔 - 하공원 변주헌 * 1892년 1월 임원 선출 - 행수 정도경 * 포목 구문(口文)을 1894년부터 분원 변방에서 주관하기로(10냥 예송) * 1894년 2월, 포목전에 현판을 걸고 잔치
귀천	사계(射契)	동정(東亭)에서 활쏘기 모임 곗돈과 잿돈[齋錢] 운영	* 1892년 6월에 다시 결성
석촌	금석계(金石契)	고기잡이[川獵]하고 식사 모임, 곗돈을 빌려주고 이자 갖추어 갚도록 함	* 김 교관이 주관 * 1891년 12월 임원 선출 - 행수 이종필 - 차지 함동규 - 상임 이호창 - 하임 조창희 * 1893년 1월에는 지규식이 행수에 임명됨 * 1894년 2월에 행수를 정현도로 교체
서울(종로)	기전계(器廛契) 기전 3천 냥 계	종로 시전 사기전 상인들이 주축이 되어 만든 산통계	* 지규식 2몫, 공방 1몫으로 가입
(분원 인근) 금사동	초상계(初喪稧) 상포계(喪布稧)	장례 때 잿돈을 지급하여 상호부조를 하기 위한 계, 곗돈 거두어 빚을 놓고 이자를 거둠	* 1892년 2월, 조창희 가게의 여러 사람이 지규식에게 초상계를 개설하자고 하여 허락
(분원 인근)	연반계	장례 때 잿돈을 지급, 곗돈을 빌려주고 이자를 거둠	* 1893년 3월, 지규식이 연반계 계회에서 팔곡 신 검시에게 30냥을 빌려줌 * 봄가을마다 곗돈 거두었던 듯
(분원 인근)	조애계	장례 때 잿돈을 지급, 곗돈을 빌려주고 이자를 거둠	* 봄가을마다 곗돈 거두었던 듯 * 공방에 빚을 놓기도
분원공소	산통계	정기적으로 제비뽑기를 하여 당첨자에게 목돈 지급	* 1893년 9월 29일에 공소에서 산통계를 설립하려고 사방에 광고 * 1893년 11월에 842명 수합

표 11　1891-1894년 지규식의 계 활동

일일 장부에 넣어 달아 두는 모습도 보인다. 지규식 자식들의 공부를 봐주고 있었던 '서당 이 선생'도 1892년 9월에 150냥을 공방에 들였는데, 그중 86냥이 월수전이었다. 즉 월수계는 개개인이 가입하여 운영되는 계였지만, 그렇게 모이는 자금은 어떻게든 공방의 운영 자금과도 연관을 맺고 있었다.

월수계는 다른 지역으로까지 확장되어 운영되었던 듯하다. 지규식의 일기에는 팔곡의 변 첨지와 관련된 '팔곡 월수계'도 언급이 되며 매달 3.9냥의 곗돈을 내는 모습도 보인다. 이 팔곡의 월수계가 지규식이 주관하던 월수계와 어떠한 관련을 맺고 있는지는 명확하지 않다.

월수계는 이천에서도 운영되고 있었다. 1890년 10월, 지규식은 박 참봉에게 5천 냥을 2푼 5리의 선이자로 빌린 후 친구 이천유에게 주고 이천에서 빚을 놓게 하였다고 한다. 그런데 1년도 안 되어 이천유가 죽자 1891년 10월부터는 지규식이 그 5천 냥을 책임지게 되었고, 이천에 가서 월수 장부를 살피게 된다.

한편, 분원 동료들이 함께 가입되어 있는 것으로 확인되는 포복계도 있었다. 기존 연구에서는 포목계를 이천에 속한 계로 보았는데,[54] 이는 1891년 1월 6일의 일기 내용을 오인한 것으로 보인다. "이천유가 이천에 갔다"라는 문장과 "(지규식이) 포목계 계방에 참석"하였다는 문장은 별개의 문장으로 봐야 하는데 이천과 포목계가 이어지는 것으로 오해한 것이다. 이 밖에 포목계가 등장하는 일기 기록들에는 모두 포목계가 분원 인근에 있었던 정황을 보여 준다. 지규식은 포목계 모임에 자주 참석하였고, 1899년에는 '분원 안(院中)의 포목계 도가 건물을 700냥에 방매하고 이사를 한다는 기록도 보이며, 20세기 초 분원마을에 학교를 설립할 때는 포목계 도가 건물을 기부받는 모습도 보이기 때문이다.

포목계는 포목전으로도 불리는 것을 볼 때, 분원마을에서 포목을 파는 점포에서 연원한 것으로 보인다. 또 이 포목계에는 분원 공인들이 여럿 연관되어 있었던 듯하다. 1891년과 1892년에 포목계의 임원으로 선출된 인물들은 지규식과 분원의 임무를 함께하는 동료들이었다. 또 이때의 계원 전체 회의에서 돈 10냥씩을 마련하여 공방에 바치는 것을 연례적으로 시행하기로 결정하였다고 한다.

한편, 1892년 1월의 포목계 회의에서는 분원의 변방 장인들이 앞으로 포목 구문(口文)을 자신들이 주관하겠다고 통보하였고, 이에 대해 지규식은 오히려 반대의 입장을 표명하는 모습이 확인된다. 하지만 결국 포목계에서 분원 변방에게 일정한 액수를 정례적으로 보내기로 합의가 된다. 이를 볼 때, 자세한 관계까지는 확인되지 않지만, 포목계는 분원과 가까이 위치하며 상호 밀접한 관계를 맺고 있었다고 할 수 있다.

특히 지규식은 포목전과 친밀한 관계를 유지하고 있었다. 포목전에서 고사(告祀)를 지낼 때 지규식을 초청하였다는 기록, 포목계에서 베푼 잔치에 참석한 기록, 1894년 2월, 포목전의 현판을 쓰고 잔치를 베푼 일 등이 그의 일기에 종종 기록되고 있다.

귀천의 사계와 석촌의 금석계는 해당 지역의 양반들과 친목을 도모하기 위해 결성된 계였다. 그런데 이러한 계들도 모여서 먹고 마시고 즐기기 위해서 곗돈을 거두고 있었으며, 그 곗돈은 다른 용도로 대출이 되는 경우도 많았다. 즉 순수한 친목 도모의 계라기보다는 지인들과 돈을 갹출하여 목돈을 굴리는 역할도 하는 계였다고 할 수 있다. 또 이러한 친목계에도 분원 공방이 상당 부분 관여하고 있었던 것으로 보인다. 1892년 5월 20일, 귀천의 사원(社員)이 계책(契冊)을 가지고 오자, 공방에서 모여서 의논을 모으고 "월수의 조목에서 잿돈은 영구히 폐지하고 매월 3차례씩 10일 간격으로 모여서 활쏘기를 하기로" 정하였다고 한다. 사계와 관련된 회의를 분원 공방에서 하였던 것을 볼 때 그 관계성을 엿볼 수 있다.

초상계, 조애계 등은 계원들이 상을 당하였을 때 잿돈을 지급하기 위해 결성된 상호부조 목적의 계였다. 이들 계에 가입할 때는 나중에 자신의 가족 중 누구누구가 사망했을 때 잿돈을 타겠다는 것을 미리 정해 두었던 듯하다. 그리고 오랫동안 잿돈을 타지 못한 계원에게는 정해진 때에 잿돈을 치러 주기도 하였고 이를 '생재生齋'라고 하였다. 이렇게 조직에 가입할 때 잿돈을 받을 대상을 미리 설정해 두는 방식은 다른 상인 조직에서도 확인된다.[55]

이러한 장례 상호부조 목적의 계에서도 다른 목적으로 자금을 대출해 주고 이자를 받은 정황이 확인된다. 특히 분원 공방에 빚을 내어 준 일도 보인다. 1893년 8월 17일에는 조애계의 잿돈을 분원공소에서 빌려 오고, 1894년 2월 17일 일기에서는 연반계의 잿돈을 분원공소에서 빌려 왔다. 연반계와 조애계로부터는 춘추봉春秋棒이라 하여 봄가을마다 정례적으로 분원공소에서 거두어 쓰는 돈도 있었다.[56]

1893년 9월 29일에는 분원공소에서 산통계를 설립하려고 광고하여 800명이 넘는 계원을 모집한 일도 있었다. 산통계는 잿돈을 모아 목돈을 만들고, 정기적으로 제비뽑기를 하여 당첨자가 그 목돈을 타는 사행성射倖性이 짙은 계였다. 앞서 종로 사기전에서 살펴본 기전계도 종로의 시전 상인들과 분원 공인들이 함께 가입하여 돈을 모아 내고 돌아가며 3천 냥의 잿돈을 타는 목적으로 결성된 산통계였다. 여기에 지규식도 2몫을 가입하였고 공방의 이름으로도 1몫을 달아 두었다. 분원공소가 운영 자금 융통에 어려움을 겪자 이러한 사행성 계에도 가입하였던 것이 아닌가 한다.

1894년 1월, '잡계雜契를 혁파'한다는 전령이 있고 계문서와 계알을 빼앗긴 이후에도 지규식은 계속 암암리에 계를 운영해 나갔다. 1899년 만든 상무사계商務社契가 몇 개월 만에 파했을 때도, 지규식은 다음 날 다시 계를 만들었다.[57]

이러한 계들은 지규식이 개인적인 차원으로도 가입하고 활동하는 것이었지만, 그의 동료들도 함께 얽혀 들어가 있었으며, 분원 공방도 일정 부분 개입되어 있었던 만큼, 사적인 경제생활과 공적인 경제생활이 혼재되어 있는 대표적인 사례였다고 할 수 있다. 또 친목 도모나 상호부조 등을 목적으로 하는 계였음에도 불구하고 지규식과 동료들, 또는 공방이 급전을 융통하는 수단으로 전용하고 있었던 것도 엿볼 수 있었다.

경조사 부조

다음 【표 12】는 1891년부터 1894년까지 지규식이 부조를 한 내역을 정리한 것이다. 부조의 대상은 혼례와 장례가 가장 잦았고, 회갑연과 과거 합격 축하연(도문연)도 종종 부조의 대상이 되었다. 드물지만 이삿날에 부조하는 경우도 있었으며, 잔치에서 공연을 한 예인에게 부조하는 경우도 있었다.

표에 따르면 혼례와 장례, 회갑, 도문연 때에는 돈 10냥을 부조하는 것이 가장 일반적이었던 것으로 보인다. 관계의 멀고 가까움에 따라, 또는 부조 대상자의 신분적 지위에 따라 차등을 두는 경우도 있었던 것으로 보인다. 적게는 5냥을 부조할 때도 있었고, 가까운 동료이자 친구였던 김익준이나 남한산성 박정인이 상을 당하였을 때는 20냥을 부조하였다. 새해마다 첫 세배를 갔던 윤 진사 댁에 혼사가 있었을 때는 50냥을 부조한 적도 있었다. 윤 진사 댁에는 소상小祥과 대상大祥 때도 10냥씩 부조하였고, 공방 도중 차원에서도 따로 20냥을 부조하기도 했다. 매일 정담을 나눴던 애인의 조부상에 50냥을 부조한 것도 인상적이다.

지규식과 친분이 도타웠던 이천유나 김익준 등이 상을 당했을 때는 지규식이 장례 절차 내내 직접 그 집에 가서 장례 절차를 도왔다. 직접 방문하여 위문할 경우에는 돈 대신 술 한 동이를 부조하는 경우도 자주 보인다. 혼례나 회갑 등의 경시에는 돈 대신 백면白麵이나 떡 등의 음식을 부조하는 경우도 있었다.

앞서 살펴본 바와 같이 지규식은 분원의 공인으로서 생활하며 광주·양근과 인근 지역, 강원도 지역과 서울까지 방대한 인맥을 맺고 있었다. 그의 인맥은 그의 생계를 위해서 중요한 것

날짜	경조사 내용		부조	비고
1891. 1. 9.	죽사(竹史)의 아들 혼례	혼례	돈 10냥	
1891. 3. 27.	염영선의 딸 혼례	혼례	돈 10냥	
1891. 4. 4.	도안 안 진사 댁 장례	장례	돈 10냥	
1891. 4. 15.	고종 이태수의 딸 혼례	혼례	돈 10냥	
1891. 4. 22.	유 선달 공익의 회갑 잔치	회갑	술 한 동이[盆]	
1891. 5. 11.	박 판서 대감 댁 혼례	혼례	백면(白麵) 1기(器)	
1891. 9. 24.	친구 이천유 장례	장례	술 한 동이	9. 20. 별세 후 9. 24.까지 내내 장례를 도움
1892. 1. 19.	김익준의 모친상	장례	돈 20냥	1. 16. 익준의 자당 별세 후 1. 22. 발인까지 매일 장례를 도움
1892. 2. 24.	남득금 집 장례	장례	돈 5냥	
1892. 3. 27.	김치범 아들 혼례	혼례	돈 10냥	
1892. 4. 12.	홍약국 아들 장례	장례	돈 10냥	
1892. 4. 19.	조창희 집 장례	장례	돈 10냥	
1892. 4. 27.	장남이 혼례	혼례	돈 5냥	
1892. 5. 26.	변주헌 혼례	혼례	돈 10냥	
1892. 5. 26.	조근수 도문연(과거 급제 축하연)	과거	돈 10냥	
1892. 5. 28.	함장섭 도문연	과거	돈 10냥	
1892. 5. 29.	김진한 도문연	과거	돈 10냥	
1892. 5. 29.	정도경 도문연	과거	돈 15냥	
1892. 윤6. 15.	난인 조부의 부음 (몽득이 승중으로 분상)	장례	돈 50냥	
1892. 윤6. 27.	이희돈 부친상	장례	술 한 동이	직접 방문
1892. 윤6. 29.	윤 진사 댁 소상(小祥)	장례	돈 10냥	
1892. 7. 24.	이동수 처의 장례	장례	돈 10냥	
1892. 8. 19.	이희태 장례	장례	돈 10냥	
1892. 9. 6.	석촌 김 교관 댁 대상(大祥)	장례	돈 20냥	직접 방문, 단자
1892. 9. 9.	이성도 집 대상	장례	돈 10냥	
1892. 9. 19.	이천유의 소상	장례	돈 10냥	직접 방문

날짜	내용	구분	부조	비고
1892. 9. 19.	변치우의 회갑	회갑	돈 10냥	
1892. 10. 12.	내곡 윤 진사 댁 혼수	혼례	돈 50냥	
1893. 1. 18.	김익준 집 아들 혼례	혼례	떡 한 시루[器]	
1893. 1. 18.	이기웅 집 딸 혼례	혼례	돈 10냥	
1893. 5. 5.	상경한 강릉 이 생원의 아들 사망	장례	돈 5냥	
1893. 6. 12.	석촌 김 교관 도문연	과거	돈 20냥	
1893. 6. 27.	윤 진사 댁 대상	장례	돈 10냥	공방 도중에서 20냥 부조
1893. 8. 22.	이경필 장례	장례	술 한 동이	발인 때 장송
1893. 10. 12.	변주국 대인(大人) 장례	장례	돈 10냥	
1893. 10. 18.	이이선 아들의 혼례 때 신행[于歸]	혼례	돈 10냥	
1893. 11. 19.	석촌 김화선의 수연(壽宴)	회갑	백면 1기	
1894. 1. 17.	어제 춤 구경 후 고수(鼓手)에게		돈 10냥	공소에서 50냥, 경빈이 10냥
1894. 4. 18.	변주완 혼례	혼례	돈 10냥	
1894. 4. 20.	춘식 집 딸의 혼례	혼례	돈 10냥	
1894. 4. 20.	주헌 집 동생 혼례	혼례	술 한 동이	
1894. 4. 24.	남한산성 친구 박정인 집 장례	장례	돈 20냥, 향로·향합 1건	
1894. 4. 24.	인영(寅永)의 이사	이사	향로·향합 1건 (값은 10냥)	
1894. 6. 10.	귀천 김 판서 댁 며느리 장례	장례	술 한 동이	
1894. 10. 26.	정현도 아들 혼례	혼례	면(緬) 1기	
1894. 10. 26.	김여장 동생 혼례	혼례	돈 10냥	

표 12 1891-1894년 지규식의 동료·지인에 대한 부조 내역

이었으므로, 지규식은 동료와 지인들과의 관계를 돈독히 유지
하기 위해 공을 들였고 경조사가 있을 때는 이처럼 부조를 하며
축하나 위문을 하였다고 할 수 있다.

5

조선 최후의 공인
지규식의 굴곡진 삶

여기까지 조선왕실과 관청에서 필요한 최상품 도자기를 생산하던 사옹원 분원, 그곳에서 도자기를 서울로 납품하고 판매하던 공인貢人 지규식의 삶을 살펴보았다. 나라에서 지정한 관수물자 조달업자였던 공인은 일반 상인들과는 다른 특수한 입장이었고, 최상품 도자기라는 물품이 지니는 특징도 남다른 것이었으며, 심지어 1890년대는 조선 한창때의 모습과는 차이가 컸기 때문에 지규식이 조선의 상인 전체를 대변해 주지는 못한다. 하지만 양반들이 남긴 자료들만 가득한 시대에서 지규식의 『하재일기』는 조선 상인의 삶을 일부분이나마 생생히 전달해 주었다.

　지규식은 경기도 양근군(오늘날 광주) 남종면 분원마을에 살면서 분원 공인의 업무를 보았다. 평소에는 분원의 동료 공인들이 모이는 공간이었던 공방을 집보다도 더 자주 드나들며 업무를 보고 회의를 하였고, 때로는 잔치를 열어 동료 간의 친목을 다졌다. 분원의 수세소가 있던 우천에 나가 업무를 보는 날도 많았다. 멀리 이천·여주·원주까지 출장을 가는 일도 종종 있었다.

분원에 무슨 일이 생겼을 때 원만히 해결을 보기 위해서는 인근의 유력 양반들과도 인맥을 돈독히 유지할 필요가 있었다. 지규식은 매년 새해 아침이 되면 내동에 있는 관왕묘에 가서 한 해의 재복을 빌었고, 분원마을과 이웃 마을을 돌며 세배를 드렸다. 귀천의 양반들은 분원 업무에도 어떤 형식으로든 간섭하고 있는 부분이 있었으므로 왕래가 잦았다. 강 건너 석촌이나 남계의 양반들도 중요한 자금줄이었던 것으로 보였다. 지규식은 이곳의 양반들과 계모임도 하고 자금 대출도 하였으며, 중앙 정세를 묻거나 각종 행사에 부조를 하며 돈독한 관계를 이어 나갔다. 광주유수부가 있던 남한산성도 분원 도자기의 중요한 납품처였고, 지규식에게는 조상의 묘와 처가가 있는 곳이기도 하였다.

서울 출장도 잦았는데, 특히 1891년에는 1년의 절반 이상을 서울에서 머무르기도 했다. 궁궐·관청에 도자기를 납품-검수-대금 수납하는 과정에서는 사옹원 담당 관리들과 궁궐의 상궁과 자주 마주하였다. 관료들은 분원의 이해관계를 지키는 든든한 뒷배가 되어 주기도 했지만, 그 대가로 사적으로 도자기를 요구하거나 수수료나 선물 등을 요구하기도 하였다. 고위 관료의 하인들도 중간에서 말을 전달해 주는 대가로 횡포를 부리기도 하였다.

지규식은 서울 출장 때 항상 묵는 숙소가 있었고 숙소 주인과 친밀한 관계를 유지하며 돈이나 물건을 맡기거나 빌리기도 하였다. 분원과 서울을 오갈 때 배가 정박하는 뚝섬에도 물건을 보관해 주고 자금을 대출해 주던 주요 거래처가 있었다. 도성 종루 거리에서 도자기를 취급하는 공식 시전이었던 사기전은 지규식이 서울 출장 때 매일같이 드나들던 곳이었다. 분원 공인과 사기전 상인들은 도자기 생산지 분원과 소비지 서울을 연결해 주는 역할에서, 또 궁궐·관청용 도자기를 납품하는 역할에서 동료의 관계를 맺고 있었다. 사기전 상인들은 도자기를 사러 분원에 직접 내려오거나 지규식을 통해 주문하고 구매하였으며, 지규식도 급히 도자기를 구해야 할 때는 사기전 상인들에게서 구매하여 납품하기도 하였다. 종루 시전 이외에 남대문·동대문 상인들과도 거래 관계를 맺고 있었다.

『하재일기』는 업무일지로서의 성격과 개인 일기로서의 성격을 동시에 가지고 있었다. 또 지규식은 각각의 경제활동을 기록하면서 그것이 분원의 일인지 개인적인 일인지 명확히 구분하지 않기도 했다. 이것은 공과 사의 구분이 명확하지 않았던 당시의 상황을 그대로 반영한 것이기도 했다.

그래도 가족들과 애인을 위한 소비활동은 명확히 개인적이었던 것으로 보인다. 우천과 퇴촌 일대에 있던 개인 소유의 논밭에서 일꾼을 고용하고 품삯을 주었던 것, 가족과 애인이 외출할 때 가마꾼에게 준 품삯 등도 개인적인 소비활동에 속한다고 할 수 있다. 하지만 동생이나 아들이 타지로 출장을 갈 때 마련해 준 노잣돈은 분원 업무와도 관계가 있었다고 할 수 있다. 또 지규식이 물건을 구매할 때도 분원 물건과 가족의 물건을 함께 구매할 때가 있었으므로, 그 소비활동에서 공과 사의 영역을 구분해 내기 쉽지 않았다.

지규식이 가입했던 계들도 개인적인 것들도 있었지만, 분원 동료, 또는 서울 시전 동료들이 함께 가입되어 있거나 분원 공방 차원의 관여가 있었던 계들도 있었다. 가입했던 계들의 성격도 다양했지만, 어떤 이름, 어떤 목적의 계이든 공통적으로는 곗돈을 토대로 자금 대출이 이루어졌다는 점에서 지규식의 업무와 어떻게든 관련이 있었던 것으로 보인다.

지규식의 삶은 때로는 분주하고 치열하였으나 때로는 여유롭고 풍류가 있었고, 때로는 억울하고 부당했으나 때로는 돈과

권력에 기대었으며, 때로는 가족에게 깊이 마음을 썼으나 때로는 외도에 더 힘을 쏟았고, 때로는 기득권을 지키려 했으나 때로는 새로운 시대의 흐름을 받아들이려고 노력하기도 했다. 이러한 지규식의 굴곡진 삶은 어떤 깔끔한 말로 정리될 수는 없으나 오히려 그 자체로 당시 생활상을 생생하게 전해 준다. 이 책에서 다루지 못한 1894년 이후의 일기에는 근대화와 국권 피탈의 과정에서 더욱 격한 굴곡을 겪는 지규식의 모습이 나오지만, 이 책에서는 근대화 이전 전통사회를 살았던 어느 상인의 생활상을 추적하는 데 초점을 두었으므로 그 최후의 모습을 엿보았던 것으로 만족하며 글을 맺고자 한다.

주석

1 지규식의 인적 사항에 대해서는 박은숙, 「分院 貢人 池圭植의 공·사적 인간관계 분석」, 『한국인물사연구』 11, 한국인물사연구회, 2009 참조.

2 류채형, 「《荷齋日記》에 나타난 19세기 말-20세기 초 貢人 池圭植의 祭祀 설행」, 『역사교육논집』 61, 역사교육학회, 2016.

3 국사편찬위원회 엮음, 『한국문화사 32: 한반도의 흙, 도자기로 태어나다』, 국사편찬위원회, 2010, 255쪽.

4 『용재총화』 권10.

5 『세종실록』 권27, 세종 7년(1425) 2월 15일.

6 정양모, 「IV.-3. 도자」, 국사편찬위원회 엮음, 『신편 한국사 27: 조선 초기의 문화 II』, 국사편찬위원회, 2002, 528-531쪽 참조.

7 『승정원일기』 7책, 인조 3년(1625) 7월 2일.

8 『승정원일기』 8책, 인조 3년(1625) 8월 3일.

9 『성종실록』 권277, 성종 24년(1493) 5월 25일.

10 『비변사등록』 77책, 영조 1년(1725) 1월 7일; 박은숙, 「개항 후 分院 운영권의 민간 이양과 운영실태 ─荷齋日記를 중심으로─」, 『한국사연구』 142, 한국사연구회, 2008, 255쪽.

11 『비변사등록』 77책, 영조 1년(1725) 1월 7일.

12 고동환, 『조선시대 시전상업 연구』, 지식산업사, 2013 참조.

13 『비변사등록』 121책, 영조 26년(1750) 2월 1일.

14 백승철, 『朝鮮後期 商業史硏究 ─商業論·商業政策─』, 혜안, 2000; 변광석, 『朝鮮後期 市廛商人 硏究』, 혜안, 2001; 최주희, 「18세기 중후반 훈련도감의 立役 범위 확대와 도감군의 상업활동」, 『한국사학보』 71, 고려사학회, 2018.

15 백승철, 「朝鮮後期 官廳의 商業活動과 그 構造」, 『한국사연구』 106, 한국사연구회, 1999.

16 김미성, 「18세기 관청 하급실무직의 貢人權 운영 사례 연구」, 『지역과 역사』 40, 부경역사연구소, 2017.

17 박은숙, 「개항 후 分院 운영권의 민간 이양과 운영실태 ―荷齋日記를 중심으로―」, 앞의 논문 참조.

18 박은숙, 같은 논문.

19 『비변사등록』 126책, 영조 29년(1753) 7월 10일.

20 『비변사등록』 181책, 정조 17년(1793) 4월 12일.

21 박은숙, 「개항 후 分院 운영권의 민간 이양과 운영실태 ―荷齋日記를 중심으로―」, 앞의 논문.

22 박은숙, 「근대 사금융 거래와 채권자의 성분(1891-1910) ―서울·경기 지역을 중심으로―」, 『한국사연구』 189, 한국사연구회, 2020, 159쪽.

23 박은숙, 「개항 후 分院 운영권의 민간 이양과 운영실태 ―荷齋日記를 중심으로―」, 앞의 논문 참조.

24 박은숙, 같은 논문 참조.

25 박은숙, 같은 논문 참조.

26 박은숙, 「공인제도 혁파 후 분원 공인의 분화와 직업·자본의 변화(1895-1910)」, 『역사와 현실』 105, 한국역사연구회, 2017.

27 김미성, 『조선후기 면주전과 명주 생산·유통구조』, 연세대학교 박사학위논문, 2017, 46-49쪽.

28 박은숙, 「개항 후 分院 운영권의 민간 이양과 운영실태 ―荷齋日記를 중심으로―」, 앞의 논문, 278쪽.

29 구혜인, 「분원공소기(分院貢所期, 1883-1895) 왕실용 백자의 진상체계와 진상용 백자의 성격 ―《분원자기공소절목》과 《하재일기》의 비교분석을 통해―」, 『역사와 담론』 81, 호서사학회, 2017, 15쪽

30 박은숙, 「개항 후 分院 운영권의 민간 이양과 운영실태 ―荷齋日記를 중심으로―」, 앞의 논문, 280쪽.

31 장장식, 「서울의 관왕묘 건치와 관우신앙의 양상」, 『민속학연구』 14, 국립민속박물관, 2004.

32 이 사건에 대해서는 박은숙, 「해제 ―신묘년(1891) 일기 내용을 중심으로―」, 공인 지씨 지음, 이종덕 옮김, 『국역 하재일기 (一) 1891』, 서울시사편찬위원회, 2005 참조.

33 현재 국역본에서는 한보여와 장인득을 '불에 태워 죽였다'라고 되어 있지만, 두 사람
    은 이후에도 살아 있는 것으로 확인되므로 번역에 오류가 있었던 것으로 보인다.

34 박은숙, 「경기도 분원 마을 池圭植의 자녀 혼사와 사돈 관계(1891-1910)」, 『한국인물사
    연구』 19, 한국인물사연구회, 2013.

35 이에 대해서는 박은숙, 「해제 ─ 신묘년(1891) 일기 내용을 중심으로─」, 앞의 책 참조.

36 박은숙, 같은 글.

37 『승정원일기』, 고종 29년(1892) 7월 4일, 고종 29년(1892) 9월 24일, 고종 30년(1893) 2월
    8일.

38 김미성, 「조선후기 면주전과 명주 생산·유통구조」, 앞의 논문, 129-131쪽.

39 『비변사등록』 176책, 정조 14년(1790) 2월 15일.

40 『비변사등록』 166책, 정조 8년(1784) 3월 21일.

41 『비변사등록』 176책, 정조 14년(1790) 2월 15일.

42 『비변사등록』 180책, 정조 16년(1792) 1월 2일, 198책, 순조 7년(1807) 1월 23일, 199책,
    순조 9년(1809) 3월 14일, 200책, 순조 10년 1월 10일 등.

43 『비변사등록』 228책, 헌종 6년(1840) 3월 5일.

44 『비변사등록』 212책, 순조 24년(1824) 2월 1일.

45 『비변사등록』 231책, 헌종 10년(1844) 2월 13일.

46 『비변사등록』 181책, 정조 17년(1793) 4월 12일.

47 박은숙, 「근대 사금융 거래와 채권자의 성분(1891-1910) ─서울 경기 지역을 중심으로─」,
    앞의 논문, 165쪽.

48 박은숙, 같은 논문.

49 박은숙, 「경기도 분원 마을 池圭植의 자녀 혼사와 사돈 관계(1891-1910)」, 앞의 논문.

50 박은숙, 같은 논문.

51 박은숙, 같은 논문.

52 정우봉, 「《荷齋日記》를 통해 본 근대전환기 개인의 일상과 사랑」, 『민족문화연구』
    89, 고려대학교 민족문화연구원, 2020.

53 박은숙, 「分院 貢人 池圭植의 공·사적 인간관계 분석」, 앞의 논문, 226쪽.

54 차은정, 「한말 貢人의 선물 교환과 사회관계: 〈荷齋日記〉를 중심으로」, 『한국문화』
    52, 서울대학교 규장각한국학연구원, 2010, 130쪽.

55 조영준, 「조선후기 綿紬廛의 멤버십 관리 ─單子를 통해 본 入參의 실태─」, 『고문서

연구』 57, 한국고문서학회, 2020; 김미성, 「조선후기 면주전의 장례 부조 대상과 방식」, 『서울과 역사』 107, 서울역사편찬원, 2021.

56 차은정, 「한말 貢人의 선물 교환과 사회관계: 〈荷齋日記〉를 중심으로」, 앞의 논문, 134쪽.

57 차은정, 같은 논문.

구혜인, 「분원공소기(分院貢所期, 1883-1895) 왕실용 백자의 진상체계와 진상용
백자의 성격 ―《분원자기공소절목》과 《하재일기》의 비교분석을
통해―」, 『역사와 담론』 81, 호서사학회, 2017.

국사편찬위원회 엮음, 『신편 한국사 27: 조선 초기의 문화 II』, 국사편찬위원
회, 2002

＿＿＿＿＿＿＿＿＿, 『한국문화사 32: 한반도의 흙, 도자기로 태어나다』,
국사편찬위원회, 2010.

김미성, 「18세기 관청 하급실무직의 貢人權 운영 사례 연구」, 『지역과 역사』
40, 부경역사연구소, 2017.

＿＿＿, 『조선후기 면주전과 명주 생산·유통구조』, 연세대학교 박사학위논
문, 2017.

＿＿＿, 「조선후기 시전의 노동력 고용과 工錢·雇價 지출」, 『한국문화』 82,
서울대학교 규장각한국학연구원, 2018.

＿＿＿, 「조선후기 면주전의 장례 부조 대상과 방식」, 『서울과 역사』 107,
서울역사편찬원, 2021.

김소영, 「전통과 근대를 살아간 인물, 荷齋 池圭植의 '일상'을 통해 본 그의
사상과 종교」, 『한국인물사연구』 19, 한국인물사연구회, 2013.

김현숙, 「조선 여성의 선물 교환 실태와 綠網 ―19세기 중반 호서지역을 중
심으로―」, 『조선시대사학보』 75, 조선시대사학회, 2015.

류채형, 「《荷齋日記》에 나타난 19세기 말-20세기 초 貢人 池圭植의 祭祀 설

행」, 『역사교육논집』 61, 역사교육학회, 2016.

박은숙, 「개항 후 分院 운영권의 민간 이양과 운영실태 —荷齋日記를 중심
으로—」, 『한국사연구』 142, 한국사연구회, 2008.

_____, 「分院 貢人 池圭植의 공·사적 인간관계 분석」, 『한국인물사연구』
11, 한국인물사연구회, 2009.

_____, 「燔磁會社의 사원 개별운영체제와 彩器 생산 —1900-1910년 분원
자기업의 변화—」, 『한국사연구』 159, 한국사연구회, 2012.

_____, 「社員 池圭植의 러일전쟁과 을사조약을 둘러싼 시국 인식」, 『한국
인물사연구』 17, 한국인물사연구회, 2012.

_____, 「경기도 분원 마을 池圭植의 자녀 혼사와 사돈 관계(1891-1910)」, 『한
국인물사연구』 19, 한국인물사연구회, 2013.

_____, 「분원 사기장의 존재 양상과 개항 후 변화」, 『한국근현대사연구』
67, 한국근현대사학회, 2013.

_____, 「분원 사기장의 자유해방과 계약 노동자의 길(1895-1910)」, 『역사와
현실』 93, 한국역사연구회, 2014.

_____, 「개항 후 분원 공인과 공가에 대한 연구(1883-1895)」, 『한국사연구』
174, 한국사연구회, 2016.

_____, 「경기도 분원마을 지도자 지규식의 외세 인식과 그 변화(1894-
1910)」, 『한국인물사연구』 26, 한국인물사연구회, 2016.

_____, 『시장으로 나간 조선백자 —분원과 사기장의 마지막 이야기』, 역사
비평사, 2017.

_____, 「공인제도 혁파 후 분원 공인의 분화와 직업·자본의 변화(1895-
1910)」, 『역사와 현실』 105, 한국역사연구회, 2017.

_____, 「근대 사금융 거래와 채권자의 성분(1891-1910) —서울 경기 지역을
중심으로—」, 『한국사연구』 189, 한국사연구회, 2020.

백승철, 「朝鮮後期 官廳의 商業活動과 그 構造」, 『한국사연구』 106, 한국사연구회, 1999.

_____, 『朝鮮後期 商業史硏究 —商業論·商業政策—』, 혜안, 2000.

변광석, 『朝鮮後期 市廛商人 硏究』, 혜안, 2001.

서울대학교 규장각한국학연구원 엮음, 『일기로 본 조선』, 글항아리, 2013.

송재용, 「〈하재일기〉에 나타난 관·혼·상·제례 연구」, 『동양고전연구』 70, 동양고전학회, 2018.

_____, 「《荷齋日記》에 나타난 歲時風俗과 民俗놀이 硏究」, 『동아시아고대학』 49, 동아시아고대학회, 2018.

_____, 「〈하재일기〉를 통해 본 貢人 池圭植家의 의례 실행」, 『동양고전연구』 76, 동양고전학회, 2019.

신경미, 「《荷齋日記》를 통해 본 19세기 말-20세기 초 지역 지식인의 변화」, 『인문과학연구』 26, 덕성여자대학교 인문과학연구소. 2018.

신동원, 「조선 후기 의약생활의 변화: 선물경제에서 시장경제로 —미암일기, 쇄미록, 이재난고, 흠영의 분석」, 『역사비평』 75, 역사문제연구소, 2006.

유호선, 「《荷齋日記》를 통해 본 貢人 池圭植의 삶과 문학」, 『한국인물사연구』 19, 한국인물사연구회, 2013.

이성임, 「16세기 양반사회의 "膳物經濟"」, 『한국사연구』 130, 한국사연구회, 2005.

_____, 「일기 자료를 통해 본 조선 사회의 또 다른 모습」, 『장서각』 33, 한국학중앙연구원, 2015.

장장식, 「서울의 관왕묘 건치와 관우신앙의 양상」, 『민속학연구』 14, 국립민속박물관, 2004.

정우봉, 「《荷齋日記》를 통해 본 근대전환기 개인의 일상과 사랑」, 『민족문화연구』89, 고려대학교 민족문화연구원, 2020.

조영준, 「조선후기 綿紬廛의 멤버십 관리 —單子를 통해 본 入參의 실태—」, 『고문서연구』57, 한국고문서학회, 2020.

지규식 지음, 이종덕 탈초하고 옮김, 『國譯 荷齋日記』(一-九), 서울역사편찬 원(구 서울특별시사편찬위원회), 2005-2009.

차은정, 「한말 貢人의 선물 교환과 사회관계: 〈荷齋日記〉를 중심으로」, 『한 국문화』52, 서울대학교 규장각한국학연구원, 2010.

최주희, 「16세기 양반관료의 선물관행과 경제적 성격」, 『역사와 현실』71, 한국역사연구회, 2009.

_____, 「18세기 중후반 훈련도감의 立役 범위 확대와 도감군의 상업활동」, 『한국사학보』71, 고려사학회, 2018.

Miller, Owen, "Tobacco and the Gift Economy of Seoul Merchants in the Late Nineteenth Century", *SOAS-AKS Working Papers in Korean Studies* No. 3, 2008.